차이 나는 인생을 만드는
생각의 규칙

실패를 도전과 성취의 에너지로 바꾸는 33가지 습관

차이 나는 인생을 만드는 생각의 규칙

초판 1쇄 인쇄 2023년 4월 13일
초판 1쇄 발행 2023년 4월 20일

지은이 김홍연

발행인 백유미 조영석
발행처 (주)라온아시아
주소 서울특별시 서초구 효령로34길 4, 프린스효령빌딩 5F

등록 2016년 7월 5일 제 2016-000141호
전화 070-7600-8230   **팩스** 070-4754-2473

값 17,500원
ISBN 979-11-6958-053-3 (03190)

라온북은 독자 여러분의 소중한 원고를 기다리고 있습니다. (raonbook@raonasia.co.kr)

실패를 도전과 성취의 에너지로 바꾸는 33가지 습관

차이 나는 인생을 만드는
생각의 규칙

김홍연 지음

RAON
BOOK

생각을 회전해
좋은 운을 맞이하라

나는 늘 나만의 흔들리지 않는 기준을 가지고 생각하며 살아왔다는 자부심이 있었다. 하지만 지금껏 제대로 된 생각이라는 것을 1%도 하지 않았다는 것을 안 순간 나는 완전히 온몸의 힘을 다 빼고 눈을 감아버렸다.

나는 100% 실패한 사람이었다. 내가 하고 있는 일에서도, 인간관계와 생각의 부분에서도 말이다. 지금에 와서 생각해 보면 그냥 생각이 떠오르는 대로 산 것에 대해 당연히 지불해야 할 대가였다.

생각이라는 바람이 불면 부는 대로, 흔들리면 흔들리는 대로 그렇게 살았던 내가 처음 생각을 조금씩 하기 시작한 것은 매일 꿈을 꾸기 시작하면서부터였다. 중학교 때에는 한 달에 한 번 정도였던 것이 언젠가부터는 매일 꾸기 시작했다. 그 꿈의 출처를 알기 위해 나는 프로이트의 《꿈의 해석》(이환 역, 돋을새김, 2007)과 와타나베 쓰네오의 《사람은 왜 꿈을 꾸는가》(홍주영 역, 끌레마, 2017)를 읽기 시작했다. 프로이트는 《꿈의 해석》에서 무의미해 보이는 꿈조차 의미로 가득 차 있으며, 꿈을 해석한다는 것은 그 의미를 삶의 언어로 번역하는 것이라고 말했다. 나는 그때부터 꿈을 전부 해부하는 일기를 써왔다.

그 다음은 데자뷔 현상이 일어났을 때 생각하기 시작했다. '어디서 본 것 같은데? 언젠가 이 일이 있었던 것 같은데?'라는 생각이 번뜩 드는 데자뷔는 누구나 한 번쯤 경험했을 거라 생각한다. 데자뷔는 처음 보는 정경을 이전에 확실히 본 적이 있다고 착각하는 것으로 '재인장애(再認障碍)'에서 기인한다고 하며 '기시현상(旣視現象)'이라고 불린다. 나는 그때 '내가 재인장애가 있구나'라고 판단하고 그냥 지나쳐버렸다.

더 확실하게, 정확하게 생각에 몰입한 계기는 바로 마이너스가 되어버린 통장이다. 텅 비어버린 통장의 실체, 즉 '실패의 원인'을 찾기 위해서 생각하기 시작했다.

미국의 심리학자 섀드 헴스테터(Shad Helmstetter) 박사는 사람은 하루에 5만 가지에서 7만 가지의 생각을 한다고 말하면서 그중의 80%는 부정적인 생각이라고 했다. 호주의 전직 TV 프로듀서로 위대한 성공의 비밀을 모든 사람들과 공유하겠다는 마음을 먹고 미국으로 건너 간 론다 번(Rhonda Byrne)은 "당신은 원하는 것을 선택할 수 있지만, 그것이 무엇인지 분명하게 알아야 한다. 바로 그것이 당신이 할 일이다. 명확하지 않으면 끌어당김의 법칙이 당신의 소망을 들어주지 못한다. 뒤죽박죽된 신호를 전송하면 뒤죽박죽된 결과만 얻을 뿐이다"라고 말했다.

그러고 보면 나 역시도 살면서 하루에 오만 가지의 생각을 했지만 걱정 반, 근심 반, 쓸데없는 잡생각이 대부분이었다. 정작 삶에서 필요한 생각보다는 불필요한 생각들이 더 많았다. 어떨 때는 일어나지도 않은 미래에 대해서도 끊임없이 생각했다. 생각의 꼬리를 물고 그 끝으로 가보면 그 끝은 항상 깊은 늪 같은 수렁에 빠져 머리가 지근지근 아파왔다. 어디서부터 무엇을 해야 할지 도무지 갈피를 잡을 수가 없는 일상이 대부분이었다. 그당시 내가 뇌에 심은 스토리는 전부 걱정과 불안, 근심이 가득한, 싹뚝 잘라야 할 그런 생각의 가지들이었다.

나는 12월, 칼바람이 쌩쌩 부는 한겨울에 태어났다. 겨울에 태어난 만큼 40년 인생은 참 혹독했다. 두 자녀를 키우는 워킹맘인 나는 지금껏 적지 않은 실패의 순간은 겪어왔다.

몇 년 전 가을의 어느 저녁 무렵, 두 아이가 뛰어놀기엔 집이 너무 좁아서 아이들을 데리고 동네 공원에 돗자리를 펴고 누웠다. 그렇게라도 아이들이 마음껏 뛰어 놀기를 바랐고 나 역시 그 좁은 공간에 있기 싫어서였다. 두 손을 베개 삼아 누운 밤하늘엔 별들이 반짝이고 있었고 초승달이 나를 처량하게 쳐다보고 있었다. 그러자 자연스럽게 나의 상황을 생각하게 됐다.

'왜, 어디서, 무엇이 잘못된 것일가? 그러면 어떻게, 무엇을, 무슨 방법으로 수정해야 하는 것일까?'

그때 나는 어렴풋이 '생각의 비밀'을 알게 되었다. 그 순간에 서서히 떠오르기 시작했던 것은 '생각에 얽힌 비밀'이었다. 단 한 번도 생각을 정리하지 않아 뇌에는 쓰레기로 가득 차 있음을 발견한 것도 그때부터였다. 무수히 많은 별들처럼 수많은 생각을 해왔지만 단 한 번도 생각을 정리해 보지 않았다. 아니, 정리를 해야 한다는 것조차 몰랐고 어떻게 비우는지도 몰랐다. 한심하게도, 아둔하게도 나는 생각이란 그냥 떠오르는 대로 하면 그만인 줄 알았다.

돌이켜보면 그때 내가 제일 많이 했던 생각은 미움과 원망과 불만과 욕심들이었다. 컴퓨터도 하드웨어 용량이 다 차면 삐거덕거리거나 재부팅하는 데도 시간이 오래 걸리며 오류도 잘 난다. 오래된 컴퓨터일수록 더 느리고 말썽을 부린다. 그럴 때 우리는 A/S센터를 부르거나 기존의 낡은 컴퓨터를 버리고 새로 사면 된다. 그러나 뇌의 용량이 꽉 차서 삐걱거리는 것은 어디 가서도 지울 수도, 버릴 수도 없다.

지울 수도, 버릴 수가 없다면 조금씩이라도 바꿔보자. 새로운 것을, 좋은 것을, 아름다운 것을 뇌에 채우는 것이다. 우리에게는 나에게 딱 맞는 옷을 선택하듯이 나에게 불운을 주는 생각들을 말고 좋은 행운을 갖다 줄 생각을 선택할 권리가 있다.

나는 어질러진 방만 청소하는 것이 아니라 온갖 잡동사니로 구성된 생각을 정리해 차곡차곡 정돈했다. 쓰레기같은 생각은 과감히 버리고 오직 나에게 필요한 생각들을 모았다. 이렇게 하는 힘을 생각의 힘, '씽킹 파워'라고 불렀다. 그리고 나만의 생각노트를 만들었다. 그 노트에 나는 나에게 행운을 갖다 준 노트라는 뜻으로

'럭키 씽킹(Lucky Thinking)'이라는 이름을 지어줬다.

나는 나의 과거를 하나둘씩 메모하며 생각을 탐문하기 시작했다. 그리고 모든 불행의 시작은 나의 '잘못된 생각'에서 비롯되었음을 깨달았다. 잘못된 단추를 바로 끼우는 방법은 딱 하나다. 잘못된 시점까지 다시 풀어서 거기서부터 다시 끼우는 것이다. 그렇다면 과거의 모든 행동과 생각들이 잘못되었을 때는 어떻게 해야 할까? 그 방법 또한 딱 하나다. 바로 과거의 생각을 회전해 바꾸는 것이다.

그런데 내가 알아낸 이 생각의 공식은 이미 많은 사람들과 더불어 부자들은 다 알고 있다는 사실이었다. 이미 많은 심리학자들이 이에 관해 제시하고 있었다. 그렇게 많은 사람들이 알고 있는 와중에도 여전히 아직도 모르는 사람들이 여전히 존재한다는 사실, 그 사실은 나의 주변 사람들만 봐도 충분히 입증할 수 있었다.

누구라도 실천 가능한 이 '생각정리법'은 조금만 노력하면 최고의 변화를 가져올 수가 있다. 그렇다고 욕실 청소처럼 세정제가 필요한 것도 아니고, 컴퓨터 수리처럼 비용이 발생하는 것도 아니다. 단지, 필요한 것은 의지력 하나뿐이다.

실제로 나는 몇 번의 실패 이후, 생각정리법으로 실패의 원인을 찾았고 목표를 세우고 실행하면서 이 방법을 사용해 왔다. 그러면서 나는 나에게 스쳐 지나간 많은 사람들이 했던 말들과 인간관계를 해부해 보았다.

말은 생각처럼 참 강력한 힘을 갖고 있었고 또한 감기처럼 전염

성도 있었다. 그러나 어떤 사람은 감기가 잘 전염되지만, 강한 면역력을 가진 사람에게는 전염되지 않는 것처럼 생각 또한 마찬가지였다. 나의 생각만 확고하면 아무리 나에게 그 어떠한 말로 흔들려고 해도 흔들리지 않는다. 그것은 곧 잠재의식에 든든한 생각의 뿌리를 심은 힘이다.

이 잠재의식을 위한 뿌리는 원씽(One Thing)적 몰입이다. 단 한 가지에 집중하면 일은 효율적이고 생각의 저장공간 또한 확보되어 많은 일을 처리하고도 남을 공간만큼 여유롭다. 그러면 머리 아플 일도 없다. 비좁은 공간에서는 숨이 막히고 널찍한 공간에서는 숨통이 트이는 것과 같은 이치다.

지금까지의 삶이 힘들었다면 두려워하지 말고 피하지도 마라. 그것은 곧 좋은 운이 온다는 징조이니 그것을 염려할 필요는 없다. 단지 지금부터 해야 할 일은 지금까지 생각해 온 것들을 회전하는 일이다. 이 회전을 통해 지금까지 경험했던 모든 것들은 무의식이라는 텃밭에 자양분이 되어 이제부터 조금씩, 서서히 꽃피울 준비를 도울 것이다.

실패란 성공하기 위한 답을 알려주는 과정으로 존재하는 것뿐이니 실패에 너무 낙담하는 시간을 가질 필요는 없다. 우리가 살면서 무수한 일들을 겪듯이 그저 그 과정에서 일어난 하나의 일일 뿐이다. 아기도 걷기 위해서 수없이 넘어지고 일어서기를 반복하지 않는가? 어쩌면 진짜 실패한 사람은 넘어졌을 때 다시 일어나지 않는 사람이다.

일반 에세이도 아니고 생각에 관한, 심리에 관한 책 하나를 쓰기 시작한다는 것은, 글쓰기에 서툰 나로서는 두려운 일이었다. 그러고 보니 매번 무슨 시작이든, 두려움은 항상 생각의 밑바탕에 깔려 있었던 것 같다. 실패의 후유증과 더불어 유튜브를 운영하면서 악플에 시달렸던 시간들이 떠올라 더욱 긴장되었다. 하지만 결국은 악플도 삭제 버튼 하나로 해결했던 만큼, 나를 힘들게 하고 나의 자존감을 무자비하게 짓밟았던 사람들을 단호하게 끊어냈던 만큼, 과거의 실패와는 무관하게 딱 한 번 더, 다시 한 번 더, 다시 시작할 용기를 가진 만큼 이 책도 나의 두 아이가 태어날 때처럼 출산 준비를 즐거운 마음으로 했듯이 그렇게 준비하고 기대하면서 썼다.

이 책을 처음 쓸 때는 나에게 앞으로 목표를 실천하는 과정에서 용기를 주기 위해, 다시 일어설 준비를 하고 있는 나에게 작은 선물 하나를 주고자 하는 마음으로 시작했다. 그리고 이제 곧 열여덟 살, 성인이 되어가는 딸에게 무슨 일이든 시작해도 괜찮지만 실패에 부딪혀도 무너지지 않고 빨리 일어서는 법을 알려주기 위해서 썼다.

그런데 이 책을 마무리하면서 나의 생각은 달라졌다. 나에게 주기 위한 선물이, 이제는 현재 하고 있는 일이 제대로 되지 않아 무기력한 사람들에게, 실패를 했지만 아직도 어디서부터 생각을 정리해야 할지 모르는 사람들에게 운이 좋은 오늘을 열기 위한 한 줄기 희망이 빛이 되기를 바란다.

삶의 최고의 변화는 생각이라는 시크릿에서부터 출발하니 지금부터 과거의 생각을 회전해 좋은 운을 맞이하라. 생각, 이 하나만 바꾼다면 당신은 모든 것을 충분히 해낼 수 있는 그런 능력을 가진 사람이다.

2023년 봄이 오는 길목에서

김 홍 연

차 례

프롤로그 생각을 회전해 좋은 운을 맞이하라   • 4

1장
나는 생각한다, 고로 존재한다

인생을 바꾸려면 부정적인 생각을 알아차리는 것에서 출발하라   • 19

좋은 생각으로 현실을 채워라   • 26

작은 습관을 일상으로 만드는 방법   • 33

내 삶의 주도권, 씽킹 파워로 잡는다   • 40

2장
삶의 파워가 되는 씽킹 마인드

우울하고 불안한 생각 습관을 버려라   • 49

실패는 도전의 모티베이션   • 56

생각의 선택을 바꾸는 순간 삶이 바뀌었다   • 62

IMTL 원칙을 적극 활용하라   • 68

도전력이 곧 생각력이다   • 74

3장
나만의 몰입 공간을 만드는 기술

뇌를 쉬게 하라 • 83

행운을 만드는 습관을 들여라 • 90

혼자 정리하는 시간을 가져라 • 96

럭키의 방향으로 체인지 하라 • 102

원씽(One Thing), 오직 한 가지에 집중하는 힘 • 108

자신의 온도에 맞는 생각만 하라 • 114

4장
생각의 힘을 기르는 '생각 습관' 로드맵 7

로드맵 1 Who 나는 누구인가를 정확히 알고 출발하라 • 123

로드맵 2 Why '왜'에서 자신만의 길을 찾아라 • 129

로드맵 3 When 행동 출력 시스템 작동을 위한 기한을 설정하라 • 135

로드맵 4 What 부의 길을 추적하기 위해 무엇을 할 것인가 • 142

로드맵 5 Where 생각 습관은 도처에서 가능하다 • 149

로드맵 6 How 생각을 초이스(Choice) 하라 • 157

로드맵 7 On Earth 조화와 융합으로 완성되는 생각 습관 • 166

5장

나를 성장시키는 생각 스킬

기분이 100% 업 되는 청소의 힘 • 177

뇌가 편해지고 당당해지는 대화를 하라 • 183

1:6:12의 법칙 • 190

작은 성공을 이룰 때마다 자신한테 선물하라 • 197

좋은 인간관계를 만들어라 • 203

차이 나는 생각이 결국 성장하는 사람을 만든다 • 211

6장

생각 진화(進化)의 법칙

마흔, 일단 무작정 시작하는 법 • 221

인생 수정 보완의 법칙 • 227

자아적 책임감을 가져라 • 233

자기결정권을 찾아라 • 239

한 번 더, 야망을 부려라 • 245

에필로그 새로운 시작이 두려움이 아니라
어둠을 뚫고 나오는 별처럼 빛나리라 • 251

차이 나는 인생을 만드는 생각 • 256

20대에는 '세상에 불가능이란 없다'는 것이 나의 신념이었고
30대에는 '정확한 목표만이 성공한다'라고 알고 열심히 살았던
신념은 40대에는 '아주 구체적으로 데드라인까지 포함한
정확하고 확실한 목표만이 성공한다. 그리고 반드시
성공할 때까지 하라'라고 바뀌었다.

내가 변화하려고 노력하면서 알게 된 것은 그 어떤 이유를
막론하고 이 세상에는 변하려고 노력하는 사람과
기존의 생각을 고집하며 노력하지 않는 사람
두 부류의 사람만이 존재할 뿐이었다.

이것이 바로 차이 나는 생각, 즉 생각이 성장하는 차이다.

1장

나는 생각한다,
고로 존재한다

인생을 바꾸려면 부정적인 생각을 알아차리는 것에서 출발하라

우리는 불필요한 생각을 '지나치게 많이' 하고 산다
......

프랑스의 철학자 르네 데카르트는 "나는 생각한다. 고로 존재한다"라고 하면서 '나'라는 주체를 생각하는 존재로 인식했다. 그 외 많은 심리학자들도 '생각'에 대한 나름의 정의를 내리고 있다.

나 역시도 하루에 수천만 가지의 생각을 한다. 그런데 사람들이 하는 생각 중에서 85%는 대개 부정적인 생각들이라고 한다. 내가 하는 생각들만 봐도 그렇다. 부정적인 생각 반, 긍정적인 생각 반이다. 쓸데없는 생각까지 겹치면 어떤 날은 머리가 지끈지끈 아파질 때도 있다. 그렇게 머리가 '생각' 때문에 아프다고 아우성인데도 나는 두통약을 먹고 또다시 '생각'으로 돌입하곤 했다. 그렇게 생각의 문턱에서 허덕이다가 불면증으로 새운 밤만도 하루 이틀이 아니었다. 새로운 계획을 세울 때마다 생각은 더 많아졌고 그때마다 불안함이 엄습을 해왔다.

'나는 과연 할 수 있을까?', '괜히 시작했나? 하지 말걸 그랬나?' 후회와 부정을 반복했다. 그때까지만 해도 나는 잠재의식, 무의식 이런 데는 관심이 없었다. 그것은 생각과는 전혀 무관한 거라는 어리석은 생각을 했던 것이다. 하지만 심리에 관한 여러 강의를 들으면서 깨닫게 된 것 하나는, 정작 나 자신의 삶에서 필요한 생각이 아닌, 불필요한 '생각'을 지나치게 많이 하고 있다는 점. 게다가 그 생각의 대부분이 '부정적인' 것이라는 사실이었다.

'돈이 없다', '주식 하면 망한다' 등 잘못된 생각이 실패의 주범이다
......

그 사실을 알게 되고 나서 깨달은 또 다른 사실은, 내가 실패하는 원인은 대부분 부정적인 생각과 더불어 현재 생각의 깊은 뿌리, 무의식이라는 잠재의식에서 비롯되었다는 점이었다. 그 중심에는 오래전부터 살면서 들어온 대대로 대물림되어 내려온 말과 나와 함께 해온 사람들로부터 전해 들은 말들이 있었다. 내가 지금껏 살아온 동안 나와 함께해 온 생각 루틴이 결국 나의 실패의 주범이었다.

최근 몇 년간, 많은 자영업자들이 어려움을 겪다가 망했다. 그리고 그들은 그 이유를 대개 코로나19 때문이라고 말했다. 문을 닫은 식당들이 속속 나타나는 가운데 커피숍을 운영했던 나 역시 직격타를 맞았다. 처음에는 나도 이 경영난이 코로나19 때문이라고 생각했지만 지금은 그렇게 말하지 않는다. 왜냐하면 코로나19 시기에도 사업을 더 크게 일으켜 '부'를 쌓은 사람들이 얼마든지 나타났기 때문이다. 유튜버부터 온라인 사업자까지 다양한 분야에서 두각을 보인 그들을 볼 때, 코로나19 때문에 망했다고 하는 것은 나 스스로 나의 잘못을 회피하는 핑계에 불과하다고 생각했다.

이미 몇 번의 실패를 경험한 나는 이것은 그냥 우연히 일어난 실패가 아니라는 생각이 들었다. 초보 사진작가가 초점을 잘못 맞추어 흐린 사진이 나왔듯이 나 역시 이 지금 흘러가는 상황에 초점을 둔 것이 아니라 엉뚱한 곳에 초점을 잘못 맞춘 것이 아닐까? 그렇다면 이 실패의 원인도 하나씩 정리를 해보아야 하는 것이 아닐까?

여기에 생각이 미치자 나는 커피숍을 시작했던 당시의 정황을 생각나는 대로 적기 시작했다. 일명 '실패 노트'라고 해두자. 그러고 난 뒤에 부자들이 쓴 책들을 찾기 시작했다. 웅진그룹 회장 윤석금의 《나를 돌파하는 힘》(리더스북, 2022), 김승호의 《돈의 속성》(스노우폭스북스, 2020), 《김미경의 리부트》(김미경, 웅진지식하우스, 2020), 론다 번의 《The Secret 시크릿》(김우열 역, 살림Biz, 2007), 로버트 기요사키의 《부자 아빠 가난한 아빠》(안진환 역, 민음인, 2018) 등을 닥치는 대로 읽었다. 부자들이 쓴 책을 읽기 시작한 그로부터 6개월 뒤 나는 그때 당시의 내 모든 생각들이 잘못되었음을 깨달았다. 그리고 그 이후로 다시 6개월 뒤 나는 같은 책을 반복해 한 번 더 읽었다. 그러자 처음과는 달리, 어디서부터 무엇이 잘못되었는지 더 정확하게 알 수 있었다.

잘못 끼워진 단추의 구멍을 찾았다면 구멍이 잘못 끼워진 곳까지 단추를 풀어서 그 시점에서부터 다시 시작을 해야 했다. 하지만 이미 흘러간 인생은 잘못 입은 옷의 단춧구멍이 아니라서 되돌릴 수가 없었다. 지금껏 내가 살아온 인생은 내가 생각했던 그대로였다. 한 치의 오차도 없었던 과거의 생각들과 행동들이 어제의 나를 만들어놓았던 것이다. 필요하지 않은 곳에 에너지를 과하게 쏟아부은 것, 정작 해야 할 일들과 하지 말아야 할 일들에 대해 구분하지 않은 것, 쓸데없는 생각, 즉 잘못된 생각에 너무 많이 집중했던 것이었다.

내일의 나를 만드는 것은 오늘의 나의 생각이다
......

나는 기존의 모든 생각과 시간을 정리하기로 했다. 부정적인 생각에서 긍정적인 생각으로 전환한다는 것은 자동차 타이어를 바꾸는 일처럼 간단한 일은 아니었다. 처음에는 그 방법을 몰라서 허우적거렸다.

수영을 할 줄 모르면 물속에서 허우적거리기 마련이다. 수영할 줄 모르면 물에 뜨는 법부터 차근차근 배우면 되니까. 나는 수영을 배우듯 책을 읽으며 '생각'에 관해 차근차근 배우기 시작했다.

《우리의 뇌는 어떻게 배우는가》(스타니슬라스 드앤, 엄성수 역, 로크미디어, 2021)에는 이런 내용이 있다.

인간은 새로운 걸 단 한 번에 배우곤 하는데, 이는 인간이 가진 효율적 학습 능력의 극단적인 예이다. 내가 만일 purget이라는 새로운 영어 동사를 소개한다면, 단 한 번만 듣고도 당신은 그걸 사용할 수 있다. 물론 몇몇 인공신경망도 특정 에피소드를 저장할 수 있는 능력을 가졌다. 그러나 인간의 뇌는 너무도 잘해 내지만, 기계들은 아직 새로운 정보를 기존의 지식 네트워크 안에 통합하는 일을 제대로 못한다. 인간의 뇌는 단순히 새로운 동사 purget을 기억할 뿐 아니라, 그 동사를 어떻게 활용하고 또 어떻게 다른 문장들 안에 넣어야 할지까지 금방 안다. 내가 "Let's purget tormorrow"라는 말을 하면 당신은 단순히 한 단어를 배우는 게 아니라, 그 단어를 각종 상징과 원칙들로 이루어진 방대한 시스템 안에 집어넣는 것이다.

나는 어린아이가 한글을 스스로 뇌에 입력해 배우듯이, 새로운 단어들을 입력하기로 하는 방법을 선택했다. 《럭키 드로우》(다산북스, 2022)를 쓴 저자 드로우앤드류나, 《파리에서 도시락을 파는 여자》(다산북스, 2021)와 《웰씽킹》(다산북스, 2021)의 저자 캘리최도 역시 자기 암시 방법을 선호하고 있었고 그 방법이 생각을 정리하기에는 제일 접근하기 쉬운 방법이었다.

나는 A4용지에 한 문장을 큼직하게 써서 컴퓨터 모니터 옆에 놓았다.

"나에게는 모든 것을 할 수 있는 능력이 있다."

틈틈이 나는 그 문구를 읽기 시작했고 어느 날부터는 매일 아침 저녁으로 읽고 쓰고 있었다. '하지 말 걸 그랬나?' 하는 생각을 하는 순간, 다른 한쪽에서 '난 모든 것을 할 수 있는 능력이 있으니까 당연히 해야지' 하는 생각이 동녘 저편의 아침 햇살처럼 서서히 떠오르고 있었다. 그것은 자신감이었다. 단지 문구 하나만 바꿨을 뿐이고 매일 집안일을 하면서 입버릇처럼 말했을 뿐인데 나에게서는 어느새 자신감이 새록새록 싹트고 있었다. 과거의 나의 생각이 어제의 나를 만들었다면 내일의 나를 만드는 공식은 아주 간단했다. 그것은 바로 '오늘 한 생각들'이었다.

나는 생각의 힘을 믿는다
······

나는 내일의 나를 만드는 '생각의 힘'을 믿는 사람이다. 그리고 그 생각의 힘을 나의 목표 완성도에 쏟아붓기 위해 액자에 걸어놓거나 핸드폰 음성파일로 녹음해 듣곤 한다. 길을 가다가도 여유시간만 있으면 나는 스마트폰 노트에 있는 문구들을 달달 외웠다. 이 방법은 내가 유튜브 조회수를 올리기 위해 쓴 방법이기도 하다. 생각만 하고 노력하지 않으면 모든 것은 헛수고에 불과하다.

나는 유튜브 조회수를 올리는 방법을 연구하기 위해 며칠씩, 몇 개월씩 또 촬영하고 대본을 연구하고 다른 사람들이 어떻게 촬영하는지, 어떤 방식으로 운영하는지를 꼼꼼히 살피면서 밤을 새기도 했다. 지금도 나는 디자인뿐만 아니라 생각도 수정을 많이 한다. 기존의 생각에서 더 좋은 생각으로, 더 좋은 방향으로 흩어지지 않고 초점을 잘 맞춰가기 위해서 생각을 수정하고 또 수정하는 중이다. 그것이 지금 내가 알고 있는 가상 쉽게 인생을 바꾸는 길이니까.

생각을 수정하기 시작하면서 요즘에는 목표 문구를 디자인해서 만드는 일이 취미로 생겨났다. 나의 3단 책장 위에는 총 4개의 액자와 생화를 꽂을 수 있는 꽃병이 있다. 4개의 액자에는 각각 경제적 자유를 이룰 최종 목표와 연간 목표, 월간 목표 그리고 일일 목표가 적혀 있다. 꽃병은 작은 성공을 이뤄냈을 때마다 내가 나에게 꽃을 선물하기 때문에 마련한 것이다. 목표는 가끔씩 바뀌는데 그럴 때마다 나는 새롭게 디자인해 이를 다시 출력한다. 그 과정은 나의 생각을 정리하고 점검하고 다듬는 소중한 시간이며 행복한 시간이다.

좋은 생각으로 현실을 채워라

실패의 생각을 심은 데서 실패가 난다
......

콩을 심은 곳에 콩이 나듯 생각의 밭에 실패를 심으면 실패가 난다. 실패를 심었는데 성공이란 열매가 맺어질 리는 없다. 마찬가지로 허구한 날 돈이 없다고 말하는데 돈이 생겨날 리는 없지 않은가? 그래서 긍정적으로 생각하는 힘이 필요하고, 부정의 언어를 하지 않는 습관이 필요하다.

얼마 전에도 어떤 사람이 나에게 자신은 가게를 운영하면서 빚을 많이 졌다고 말했다. 그 말에 나는 웃으면서 "빚을 많이 졌다고 말하면 앞으로 더 많이 지게 될 거예요. 빚의 두 배로 돈을 벌면 빚이 아니라 돈이 남습니다"라고 했더니 나의 두 눈을 멀거니 쳐다보면서 한참을 아무 말도 못 하고 있다가 다른 주제로 대화를 이어갔다.

내가 생각의 법칙을 배우면서 알게 된 것은 한 개인 안에는 무수한 능력이 존재한다는 것이다. 단지 지금껏 그 능력이 있음에도 불구하고 내가 실패를 한 것은 너무나 많은 부정적인 생각에 물들어 왔기 때문이다. 풍요로운 삶이 아니라, 즐거운 마음이 아니라, 기쁜 마음이 아니라, 180도 정반대의 생각을 한 것이 가장 기본적인 핵심 문제였다.

인생에는 불운과 행운이 존재한다. 운은 운이 좋다고 말하는 사람한테로 이동하는 성질을 가지고 있다. 그런데 나는 늘 나한테만 이런 불행한 삶을 준다고 불평불만을 쏟아냈다. 불운을 끌어당긴 것은 나 자신이었다. 그러고 보면 불운과 행운을 갈라놓은 것도 나의 생각이듯이 실패와 성공을 갈라놓은 것도 바로 나의 생각이었던 셈이다.

나의 말들과 주변 사람들의 말들을 점검해 봤다. 그랬더니 다음과 같은 말들만 내뱉고 살아왔다. "사는 게 힘들다", "먹고살기도 힘들다", "그만한 돈이 어디 있니?", "하는 일이 잘되지 않아", "빚 많이 졌어", "사업을 다시 시작해야 하는데 나는 아직 운이 없대", "코로나19 때문에 힘들어", "야, 그러다 다치면 어떡해?"

이런 부정을 심었다면 지금 당장 멈춰라
······

만일 당신이 인생에서 큰 실패를 했다면, 현재 어떤 말을 하고 있는지 한번 점검해 보자. 앞에서 언급한 과거에 내가 말했던 것과 비슷하게 말하거나 똑같이 생각하고 있다면 지금 바로 당장 멈

쳐라. 그것이 바로 스스로가 심은 부정이고 실패의 원인일 테니까. 《조셉 머피 부의 초월자》(조셉 머피, 조율리 역, 다산북스, 2022)에는 다음과 같은 내용이 있다.

> 우리 안의 마음은 하나이지만, 각기 다른 특징과 기능을 지닌 두 부분으로 나뉜다. 이를 여기서는 '현재의식(Conscious)'과 '잠재의식(Subconscious)'이라고 다르게 부른다.

흔히 우리가 하고 있는 말은 현재 의식이며 내 의지와 상관없이 이미 오래전부터 들어왔던 말들은 나도 모르는 사이에 내 잠재의식에서 각인된 말들이라는 이야기다.

나 역시도 꽤 오래전부터 부정적인 말들을 듣고 살아왔다. 최근 친구가 나한테 간만에 전화를 걸어와서 한 말도 온통 부정으로 꽉 차 있었다.

"요새 사는 게 참 힘들다. 넌 어떻게 지내고 있어? 넌 사는 게 행복하니? 뭘 하긴 해야 하는데 어떻게 시작해야 할지 모르겠어. 나 빚 참 많이 졌다. 이제 간신히 다 해결했어"였다. 세상에 힘들이지 않고 사는 사람은 없다. 단지 힘듦을 알고 받아들이면서 대체로 부정적인 단어를 쓰지 않기 때문에 힘들다는 것을 주위에서 모르는 것이라고 나는 생각한다. 내가 힘들다는 단어를 쓰지 않는 이유는 바로 힘들다고 말하면 말할수록 더 힘들어지는 일들이 생기기 때문이다. 이것이 생각의 힘이고, 부정의 힘이다. 그 힘은 발휘할수록 더 강해지는 법이다.

그 이치를 알고 깨달은 후 나는 부정적인 말들의 통로였던 현재 의식을 통해 잠재의식을 바꿨다. 현재의식과 잠재의식이 일치가 될 때 그것이 바로 하나의 루틴, 즉 습관이 된다.

좋은 생각을 심은 데 좋은 현실이 나타난다
......

그 습관, 즉 루틴으로 나는 매일 밤 잠자기 전에 좋은 생각을 반복하고 또 반복한다. 그 반복되는 생각 습관은 많은 부분이 감사였고 긍정적인 문구였다. 부정이 나의 기분을 우울하게 했다면 긍정은 언제나 활기찬 하루를 가져다주었다. 그 긍정 문구는 다음과 같다.

"내가 하는 일마다 잘되게 해주어서 감사합니다", "나는 언제나 건강하고 행복하다", "나는 매일 좋은 방향으로 성장한다", "내가 하는 일은 무슨 일이든 다 잘된다", "나의 주식만큼은 상승세다." 이외에도 긍정 문구는 얼마든지 많다. 자신한테 맞는 문구는 자기 자신이 제일 잘 안다. 그리고 항상 좋은 운을 받을 준비를 하라.

좋은 운을 받는 방법
- 어떤 상황이 왔든 늘 운이 좋다고 말하라.
- 모든 상황을 인정하고 받아드리는 연습을 하라.
- 모든 일이 일어나는 데는 이유가 있다고 생각하라.

• 오늘도 운이 좋다고 말하라.

얼마 전 나는 택시 승강장에서 택시를 기다렸다. 한참을 기다렸고 기다린 끝에 택시가 왔다. 내 앞에 섰던 사람이 탈 차례였고 그 사람은 택시를 타려고 문을 열고 몇 마디 하더니 이내 문을 닫고 원래의 위치로 가기에 택시 기사님께 타도 되는지 묻고 아이들과 함께 택시를 탔다.

나는 아이들에게 이렇게 말했다. "우린 참 운이 좋아. 그치?" 그러자 택시 기사가 의아해하며 물었다. "무슨 운요?"

"택시를 한참 더 기다려야 하는 줄 알았는데 앞사람이 타지 않아서 제 차례가 빨리 왔잖아요" 했더니, 기사님은 "아, 그 분은 인천으로 가신다길래 제가 그 쪽까지 가지 않는다고 말씀드렸어요"라고 답했다.

언제부턴가 나는 사소한 일에도 운이 좋다는 표현을 자주 썼다. 그것은 끌어당김의 힘이었다. 특별한 일이 일어나서 좋은 것이 아니라 사소한 일이라도 운이 좋다고 생각하기 때문에 운이 좋아지는 것이다. 이 잠재의식을 통한 좋은 생각은 생각을 바꿔줄 뿐만 아니라 엔도르핀(Endorphin)도 발산한다. "너 참 귀엽고 예쁘다"라는 말과 "너 참 못생겼다. 너는 왜 늘 그 모양이니?" 하는 말을 들었을 때 기분을 상상해 보라. 다이어트하는 사람에게 "너 3킬로그램은 빠진 것 같다"라고 할 때와 "너 지난번보다 더 살쪘어"라고 할 때의 언어는 완전히 다른 상반(相反)되는 기분을 만든다. 적어도 나는 나에게 좋은 말을 건네줄 때 엔도르핀이 100%은 아니더라도 20~30% 정도는 발산되었다.

한두 마디의 좋은 말을 들었을 때에도 이런 일이 일어나는데 많은 좋은 말을 들었을 때에는 어떨까? 좋은 생각을 많이 할수록 많은 엔도르핀이 나에게 충족감과 충만감을 준다. 그 충족감과 충만감 그리고 자신감은 결국 좋은 현실을 만들 수밖에 없다.

좋은 생각을 심는 데에도 때가 있다
......

농부가 아침 일찍 씨를 뿌리거나 날씨 좋은 날을 택해서 씨를 뿌리듯이 생각을 심는 데에도 때가 있다. 좋은 생각이든 나쁜 생각이든 심을 때 긴장 상태에서 하면 안 된다. 우리의 몸이 경직되어 있을 때는 온몸이 긍정적이든 부정적이든, 예민한 상태에서는 은행 창구에서 보안원이 경비를 서듯이 예민함이 보초를 서 생각이 들어오는 통로를 막기 때문이다. 현실에서 우리는 상대방에게 똑같은 말을 했을 때 상대방이 기분이 나쁠 때는 다툼이 나지만 기분이 좋을 때는 무슨 말을 하든 다 수용한다.

KBS2 드라마 〈두뇌공조〉 6회에는 이런 대사가 나온다.

"뇌를 해방시키기 위한 두 번째 스텝, 뇌를 비우는 겁니다. 우리의 뇌는 말입니다. 정보를 극단적으로 차단하면 굶주린 상태가 됩니다.

이렇게 굶주린 상태가 되면 아무 정보라도 쉽게 빨아들이고 싶은 상태가 됩니다. 이때 어떤 메시지를 전하면 가장 바뀌기 어렵다는 종교나 신념이 바뀌는 일도 발생합니다."

위의 대사를 보다시피 인간의 뇌는 무방비 상태, 즉 굶주린 상태에서 가장 빨리 흡수를 한다. 그 타이밍으로 첫 번째는 인간은 가장 외로울 때, 가장 불안할 때 상대방의 말에 제일 빨리 현혹된다. 사기를 당했다는 사람들의 말을 들어보면 보통은 외로울 때 가장 많이 일어났다. 두 번째는 잠을 자기 전과 잠을 자고 난 아침이다. 이때의 인간은 하루 일과를 마치고 모든 긴장을 푼 상태기 때문이다.

나는 좋은 생각을 심을 그 시간을 이용하기 위해 화장실 문 앞에 A4용지로 단기간 이뤄야 할 목표를 써서 붙여놓았다. 그것은 새벽이나, 아침이나, 저녁이나 화장실 갈 때 가장 긴장이 풀리기 좋은 상태에서 뇌에 정보를 입력하기 위함이었다.

좋은 생각으로 현실을 만드는 습관은 어렵지 않다. 자주, 습관처럼 좋은 말을 나 자신에게 들려주고, 암시하는 것이다. 그 정도 습관을 일상화하면 좋은 결과를 가져오는 씨앗을 성공적으로 심을 수 있게 될 것이다.

작은 습관을 일상으로 만드는 방법

작은 것부터 시작하라
......

나는 《아주 작은 습관의 힘》(제임스 클리어, 이한이 역, 비즈니스북스, 2019)을 읽은 뒤로 습관이라는 힘이 삶에 얼마나 중요한지 깨달았다. 이 책의 주제는 '작은 걸 자주 하면 그게 습관이 된다'인데, 작은 습관이 모여 일상을 만드는 힘이 참 대단하다는 것을 최근에 경험했다.

내가 처음에 1분짜리 영상을 만든 이유도 바로 작게 자주 만드는 습관을 들이기 위해서였다. 처음부터 길게 만들면 쉽게 지쳐서 중도에 그만둘 것이 뻔해 보였다. 그래서 '작은 습관'의 힘을 믿고 가자고 결심했다. 처음에는 1분짜리 영상 원고를 쓰는 데도 벅찼지만 지금은 7분짜리 영상 원고를 쓰는 것도 쉬워졌다. 오류가 자꾸 나서 애먹던 영상편집도 지금은 기본 디자인을 다 만들어놓아서

'프로젝트 열기' 하나만 클릭하면 영상 절반은 뚝딱 만들 수 있다.

그런데 이 작은 습관을 얻기까지 꾸준한 노력과 반복이 있었다. 습관이 몸에 배고 익숙해지기까지는 4개월이 걸렸다. 처음 유튜브를 시작한 것이 2년 전쯤이었으니 아마 2년 정도 걸렸다는 것이 맞을 수도 있겠다.

다른 일을 하면서 틈틈이 영상을 만드는 것은 의지력 없이는 불가능했다. 그래서 습관을 얻는 과정에서 의지력과 꾸준함도 키우게 됐다. 그리고 꾸준한 습관은 내가 무엇이든 할 수 있다는 자신감을 가져다주었다.

자신감 있는 사람은 무슨 일이든 시작할 수가 있지만, 자신감이 저하된 사람은 시도조차 할 수가 없다. 왜냐면 긍정적인 생각은 도전의 길을 터주지만 부정적인 생각이 도전을 가로막기 때문이다. 그렇기 때문에 가장 먼저 해야 할 일은 자신감을 회복하는 일이다.

자신감을 회복하려면 우선 자신의 장점을 찾아서 그것만 생각하라. 그리고 자신이 살면서 가장 즐거웠던 일들만 생각하라. 이 작은 장점과 성취감이 당신의 자신감을 살리는 데 도움을 줄 것이다. 그다음은 가장 쉽게 이룰 수 있는 목표부터 세우자. 그 목표를 이루면서 '별거 아니네, 참 쉽네' 하는 생각들이 당신 스스로 평가하는 데 도움이 되면서 무슨 일이든 해낼 수 있는 능력을 만들어준다. 이처럼 자신감은 우리가 계단을 밟을 때 한 계단씩 밟고 올라가는 것처럼, 하나의 성과를 내면서부터 시작된다.

작은 습관을 일상으로 만들면서 자신감을 만든 방법

- 메모하는 습관
- 책 읽는 습관
- 매일 아침 걷는 습관
- 아침 5시에 일어나는 습관
- 매일 아침 열 번씩 좋은 말을 반복하는 습관

최고의 변화는 바뀐 습관이 만들어준다
······

과거의 나는 술을 좋아했고 친구들을 좋아했다. 퇴근하고는 매일 친구들을 만나서 술 마시고 노는 것이, 그것이 나의 일상이었다. 기분 나쁜 일이 있어도 술이었고, 기분 좋은 일이 있다면 축하주도 예외는 아니었다. 매일 마신 술은 나의 건강을 극도로 악화시켰고 한밤중에 응급실에 실려 간 적도 있었다. 자궁근종까지 있었던 탓에 출혈이 과다했던 당시의 상황은 지금 생각해도 끔찍하다. 당시 의사는 5분만 늦었어도 죽었을 수도 있었다고 말했다.

가게 폐업과 더불어 연속적인 실패에 모든 것을 자포자기했던 그때의 모습은 이제는 더 이상 떠올리고 싶지 않은 하나의 과거일 뿐이다. 하지만 그것은 지금에 와서 보면 좋은 습관을 만들어준 계기가 되었다. 대개 보면 모든 일들은 불행이 시작되고 그다음 순서가 정리였다. 그 확고한 정리가 다른 변화를 주고 그 변화가 습관을 만들어주는 것이었다.

오랜 과거의 습관들이 그리고 그 불행들이 모여서 실패라는 결과를 만들었다. 그런데 그 실패가 자극을 만들어서 지금의 나를 변화시켜준, 어쩌면 그 나쁜 습관들은 좋은 습관을 만들어주는 돌파구였다.

돌파구를 찾기 위해서는 먼저 나에게 악영향을 미쳤던 습관이 무엇이었는지 점검해볼 필요가 있다. 무엇이 나를 실패하게 만들었는지 그 습관을 정리를 해보는 것이다. 실패를 정리하는 방법은 아주 간단하다. 과거의 나의 행동과 생각 습관을 전부 메모해 보는 것이다. 그리고 이를 성공으로 바꾸는 공식은 더 간단하다. 뒤집어진 옷을 제대로 입는 방법과 같다. 다시 뒤집어서 입는 것처럼 과거에 생각했던 것을 딱 정반대로 바꿔놓으면 되는 일이다.

작은 하나들이 모이면 큰 하나가 된다
······

커피를 내리면 처음에는 한 방울씩 떨어지는 것 같으나 그 한 방울들이 모이면 한 잔의 커피가 된다. 작은 습관들도 마찬가지다. 하나의 사소한 행동들이 모여 멋진 삶이 된다.

커피숍에서 일해본 경험이 없었던 나는 처음에 커피숍을 할 때에는 참 많이도 허둥지둥거렸다. 하지만 3일 지나고 나자 조금은 익숙해졌고 또 일주일이 지나고 나자 조금 더 익숙해졌으며 한 달이 지나자 아예 습관이 되었다. 취직을 했을 때에도 마찬가지였다. 첫날은 어색하지만 그래도 일은 한다. 둘째 날은 첫날보다 조금은 나으나 그래도 여전히 어색하다. 그러나 그다음부터는 조금씩 편해지기 시작한다. 그러다 3개월이 흐르고 1년이 지나면 완전히 익숙해지기 시작한다.

이 사소한 아주 작은 습관들도 마찬가지다. 그 작은 것 하나가 모여서 일상이라는 큰 하나가 된다. 다이어트도 한꺼번에 10킬로그램씩 감량하는 사람은 없다. 그러고 보면 인간의 행동은 내가 무슨 습관을 들이냐에 따라 변화함을 알 수 있다.

하지만 습관을 일상으로 만드는 것만으로 변화는 일어나지 않는다. 그 습관을 일상으로 만들기 전, 나의 몸과 컨디션에 맞게, 나의 시간에 맞게 습관을 조정하고 또 수정해야 한다. 나에게 맞지도 않는 옷을 입듯이 비효율적인 습관, 즉 스트레스를 주는 습관은 오히려 삶에 악영향을 미칠 수도 있으니 이 부분은 조심해야 한다.

어떤 습관을 들이냐에 따라 삶은 100% 달라진다
......

나는 나에게 맞는 습관을 선택했다. 그리고 나는 그 습관을 들이면서 정말 많이 행복했고 즐거웠다. 내가 작은 습관들을 일상으로 만든 후 나의 건강은 많이 회복되었고 삶도 확실히 달라졌다. 10년 전에만 일찍 이 습관을 들였다면 나는 지금보다 더 나은 삶을 살고 있을 것이라고 나는 호언장담할 수 있다.

새로운 습관을 들이기 위해서는 과거의 나의 습관으로 인해 무엇이 잘못되었는지부터 알아야 한다. 스스로 생각하는 습관들을 메모해서 닳고 닳은 타이어를 바꾸듯이, 하나둘씩 바꾸는 것이 훨씬 효과적이다. 처음에 나는 그렇게 습관을 나에게 길들일 생각은 하지 못했다. 이제는 바꿔야겠다는 생각이 드는 순간부터 어느 날 조금씩 한 습관들이 모여서 이제는 하나의 일상이 되었을 뿐이다. 작심삼일(作心三日)이라도 좋다. 작심삼일도 여러 번 반복하면 몸에 익숙해지면서 그 또한 하나의 습관이 되니까.

작은 습관들을 일상으로 만들면서 달라진 점 세 가지는 다음과 같다.

- 늦잠을 자면서 게으름을 피우던 내가 아침 일찍 일어나면서 부터 몸이 가벼워졌고 건강해졌다.
- 책 읽는 것을 좋아하고 글 쓰는 것을 좋아하는 새로운 나를 발견했다.
- 이 책을 쓰는 계기와 새로운 것을 도전하는 목표를 세웠다.

새로운 도전을 시작할 때에는 내가 과거에 했던 습관의 개선은 꼭 필요하다. 근본적인 해결책에 집중을 하고 일상 습관의 강력한 힘을 빌려 실패에 대한 후유증에서 벗어나 나 자신에 대한 '자존감' 을 높이는 게 우선이다.

내가 읽은 프로이트의 《꿈의 해석》 책 뒤표지에는 이런 글귀가 있다.

인간의 정신은 무의식의 텃밭에서 그 자양분을 제공받는다는 것을 밝혀냈고 이는 무수한 심리 이론가들, 철학자들이나 과학자, 예술가들에게 하나의 이정표가 되기에 충분했던 것이다.

자존감은 무의식이라는 텃밭에 자양분을 심는 것과 같다. 무의식이라는 텃밭에서 자양분을 받으면서 인간의 정신이 탄생했듯, 우리들의 자존감은 이 텃밭을 풍성하게 할 자양분이 되어줄 것이다.

내 삶의 주도권, 씽킹 파워로 잡는다

생각하고 싶은 대로 생각한다는 것은
......

똑같은 돈을 써도 누구는 불행하다고 느끼고 누구는 행복하다고 느낀다. 똑같은 그림을 보고도 사람에 따라 느끼는 것도 다르다. 그리고 보는 시각이 다른 만큼 생각 또한 다르다. 이처럼 서로 견해가 다른 이유는 사람은 저마다 자신이 보고 싶은 대로 보고 생각하고 싶은 대로 생각하기 때문이다.

삶 또한 마찬가지다. 우리는 삶을 내가 생각하고 싶은 대로, 바람이 부는 대로 흘려보내서는 안 된다. 이는 쉽게 흔들린다는 말과도 같다. 그렇기에 자신의 확고한 생각은 큰 나무처럼 뿌리를 깊게 내려 그 어떤 바람에도 절대 흔들리거나 쓰러지지 않게 해야 한다. 즉 절대 흔들리지 않는 확고한 생각의 법칙이 필요하다는 것이다.

이 법칙은 생각의 가장 깊은 곳인 '주도권'이 되어야 한다. 그리고 이 생각의 주도권을 잡는 방법은 내게 필요한 생각을 정리해서 반복하고 또 반복해 입력하는 방법뿐이다. 종양은 수술로 제거할 수 있고 신장 같은 주요 장기는 기증을 받아 교체할 수 있지만 뇌에 박힌 생각은 나 스스로 의사가 되어 집도할 수밖에 없다. 생각을 개조하려면 기존의 생각을 멈추고 내가 원하고 목표한 방향으로 그 생각을 반복해서 읽고 쓰고 외우는 방법뿐이다.

처음에는 이게 가능할지 반신반의하기도 했다. 그러다가 '어차피 돈 드는 일도 아닌데 한번 해보자' 하고 시작한 것이 '자기암시'였다. 처음에는 어색해 간신히 한두 구절 입속으로만 굴리던 글귀들이 이제는 설거지하면서도 노래하듯이 외우고 자주 하는 습관이 들었다. 하루가 반복되어 한 달이 되는 것처럼, 조금씩 외우는 습관도 이젠 제법 범위가 넓어졌다. 예전에는 가는 바람에도 갈대처럼 흔들렸던 생각들이 이제는 든든한 바위가 되어 나를 지켜주고 있다.

남의 생각이 아닌 나답게 생각하는 방법
······

얼마 전 친구가 동업하자는 제안을 해왔다. 예전 같았으면 '한번 생각해 보자', '어디 한번 해볼까?'라는 생각을 했겠지만 나는 단호히 거절했다. 왜냐면 나에게는 이미 내가 하고 싶은 다른 길이 있기 때문이다.

내가 스스로 나답게 생각하기 시작한 것은 2018년에 가게를 폐업하고 난 다음이었다. 지금 와서 돌이켜보면, 당시 폐업을 결정하게 된 것도 다른 사람들이 불경기니까 가게를 매매하라는 의견을 듣고 무의식적으로 따른 것은 아닐까 하는 생각이 들기도 한다. 그때 당시 나 자신의 기준으로 상황을 파악하고, 내 생각의 기준을 더해 해결했다면 결과는 어땠을까? 이 문제에 대해서 다른 사람이 아닌 나에게 질문을 했다면 어땠을까 하는 생각을 한다.

한 지인은 내가 가게를 내놓았다는 말을 듣고 "나도 가게를 그냥 매도할까 봐"라고 했다. 다른 지인 역시 내가 커피숍을 하는 것을 보고 "나도 커피숍을 할까 봐"라고 했다. 이것은 자신의 생각이 타인의 생각에 흔들린다는 것이다. 자신이 생각이 확고한 사람은 "그냥 나도 그렇게 할까 봐"라고 말하지 않기 때문이다. 이처럼 삶의 문제를 스스로 결정하는지 남의 생각에 흔들리는지는 말투에서도 나타난다.

가게를 폐업하기 전까지만 해도 나는 나 스스로 대화한다는 것은 상상조차 못했다. 하지만 곰곰이 생각해 보니 나를 가장 잘 알고 잘 이해할 수 있는 것은 부모도, 형제도, 친구도 지인도 아닌 바로 나 자신이었다. 그 이후, 나는 무슨 일이든 나와 상의했다. 내가 나에게 하는 그 질문은 대개 다음과 같았다.

"이게 네가 하고 싶은 일이니?"

"이 계약, 너 꼭 해야겠어? 후회는 없겠어?"

"이 사업에 돈은 얼마 정도 필요해? 해결 방법은 있는 거야?"

그리고 나는 나에게 질문하면서 그 속에서 답을 찾는다. 그렇게 질문하거나 말을 내뱉거나 하는 순간, 묘하게도 그 속에는 답이 담겨 있었다. 그리고 그렇게 얻는 답에는 항상 후회가 없었고 설령 후회를 해도 그것은 남의 탓 아닌 내 몫으로 남았다.

만약에 친구나 지인한테 물었는데 "너 그거 하지 마", "이번에는 잘 생각해 본 다음에 해", "요즘 불경기라는데 또 하다 안 되면 어떻게 하려고 그래?" 이런 대답을 한다면 대개는 실망하거나 해야 할지 말아야 할지 고민하기 마련이다. 나중에는 '그때 그 친구 말 듣지 말고 그냥 할걸' 하면서 친구를 탓하고 원망하는 마음이 남아 있게 된다. 어떨 때에는 타인의 대답에 스스로 흔들릴 수도 있을 것이다.

럭키 씽킹이 곧 씽킹 파워다
......

연꽃은 진흙탕 속에서도 핀다고 한다. 생각도 진흙탕 속에서도 살아갈 수 있는 연꽃 같은 힘이고 인생을 사는 데 필요한 원동력(原動力)이다. '럭키 씽킹(Lucky Thinking)'이란 행운을 만드는 생각이다. 이 긍정을 심어주는 좋은 생각이 곧 씽킹 파워가 되며, 이것이 곧 나의 삶의 주도권이 되어줄 힘이다.

원동력은 기분이 좋을 때와 기분이 나쁠 때 현저한 차이가 있다. 기분이 나쁠 때에는 온몸이 무기력해지고 힘이 쭈욱 빠진다. 해야 할 일이 있어도 아무것도 하기 싫어진다. 그런데 기분이 좋을 때에는 활력소가 생기며 무슨 일이든 해도 힘든 줄 모르고 오히려 즐겁기만 하다.

　나는 무슨 일이든 진행할 때 나의 기분이 좋은 타이밍을 선택한다. 그리고 특별한 일이 없는 한 그 기분을 끝날 때까지 유지한다. 왜냐하면 기분이 나쁘다는 징조는 일이 잘될 가능성을 배제하는 감정을 스스로에게 전달하기 때문이고, 이로써 오히려 하는 일을 더 꼬이게 만드는 성향이 있기 때문이다.

　따라서 나는 기분이 나쁜 상황에서는 그 어떠한 일도 진행하지 않는다. 하지만 살다 보면 마냥 기분 좋은 일들만 있는 것은 아니다. 그러므로 나는 나 스스로 기분이 좋은 타이밍을 만든다. 예를 들어, 오늘 중요한 계약서를 쓰는 날이다 싶으면 나는 아침 일어나자마자 좋은 기사만 찾아서 읽으며, 아무리 화가 나는 일이 있어도 나는 최대한 좋은 기분을 유지한다. 불필요한 전화 통화도 통제한다. 그 기분 좋은 타이밍이 곧 럭키 씽킹이라는 것을 알기 때문이다. 어떤 순간이든 기분이 나쁜지 좋은지를 아는 것은 자기 자신뿐이다.

　자꾸만 부정적인 생각이 들 때마다 나는 늘 웃기 위해 노력한다. 그러니 사소한 작은 일에도 웃는 연습을 하라. 인상이 찌그러져 있는 사람보다 호탕하게 웃지는 않아도 작은 미소라도 짓는 사람에게 좋은 운이 온다. 사는 게 힘들다고 말하는 사람한테 재미있는 일이 생기는 원리는 존재하지 않듯이 웃지 않는 사람한테 웃는 일이 생길 리는 만무하니까.

　나쁜 기분은 나쁜 것을, 좋은 기분은 좋은 것을 가져온다. 그러니 어떤 순간에라도 기분이 나쁘다면 기분 좋은 방향으로 바꾸는 연습을 하자. 그 기분 좋은 방향이 바로 삶이 바뀌는 길이니까. 럭키 씽킹, 곧 행운으로 바뀌는 생각이 습관이 되면 인생은 확실하게 더 나아진 걸음을 걷게 된 것이다.

나는 행운으로 바꾸는 럭키 씽킹 노트를 자주 적는다. 아래 그 10개의 메모를 소개한다.

럭키 씽킹 노트 10

1. 오늘도 웃음으로 가득한 하루가 되었습니다.

2. 나는 날마다 풍요로운 삶을 삽니다.

3. 나에게는 언제나 아주 좋은 일들만 일어납니다

4. 나는 이미 엄청난 성공을 이루었습니다.

5. 나는 특별하고 멋진 사람입니다.

6. 나는 날마다 건강하고 행복한 사람입니다.

7. 나에게는 내가 원하는 모든 것을 반드시 해낼 수 있는 힘이 있습니다.

8. 나는 내가 좋아하는 일을 하면서 돈을 벌고 있습니다.

9. 오늘도 내 모든 요구를 들어주서서 감사합니다.

10. 내가 원하는 것들을 이뤄주신 것에 대해 감사합니다.

2장

삶의 파워가 되는
씽킹 마인드

우울하고 불안한 생각 습관을 버려라

방 안 공기가 탁하면 환기를 시키듯
......

신경정신과 전문의 황원준 저자의 《마음의 감기 우울증 치유 완전정복》(중앙생활사, 2009) 프롤로그에는 이런 내용이 나온다.

> 식사, 운동, 수면 등의 올바른 생활습관으로 면역력을 증진시켜 신체적인 질병을 예방할 수 있듯이 일상생활에서 변화들을 통해서도 마음의 감기인 우울증을 예방할 수 있습니다.

이 책에서는 우울증을 '마음의 감기'라고 표현했다. 우울과 불안은 거의 대부분 사람들이 현실에서 느끼는 감정이다. 특히 예민한 40대에게는 더 빈번하게 발생하는 일이다. 나는 예민한 과에 속한다. 그러면서도 긍정적인 면도 있다. 추운 겨울에 유독 감기가 많이 걸리듯이 나는 실패처럼 힘들었던 일들을 겪고 나면 그 후유증으로 더 암울해지고 우울해진다. 인간은 좋은 일들이 일어났을 때보다 불행한 일이 있을 때의 기억을 더 많이 하는 것 같다. 그래서 좋아하는 일이 일어났을 때에는 자살이란 존재하지 않지만 불행한 일을 겪으면 자살을 하는 사람도 꽤나 있다.

얼마 전 친구가 나에게 이렇게 물어본 적이 있다. "너는 지금껏 살면서 불행하다고 느끼니? 아니면 행복하다고 느끼니?" 그때 나는 불행하지도 행복하지도 않고 비례로 따지면 5 : 5라고 말했다. 하지만 행복과 불행이 7 : 3인 사람은 행복하다고 생각하고 행복과 불행이 3 : 7인 사람은 당연히 불행하다고 느낄 것이다. 그러다가 그 비율이 2 : 8로 바뀌는 시점에서는 사는 의미를 느끼지 못하고 사는 것보다 죽는 것이 더 낫다는 표현이 나온다. 행복과 불행을 5 : 5로 느끼는 나 역시 사소한 일에도 생각을 부정적인 생각의 끝으로 몰고 가는 성향이 있다가도 '내가 또 부정적인 생각을 하고 있네' 하면서 다시 긍정적인 나로 전환시킨다.

방 안에 공기가 탁하다는 것을 알면 환기를 시키는 것은 창문 하나 열 만큼 쉬운 일이다. 같은 이론을 적용한다면 우울하고 불안한 마음을 알아챘다면 긍정적으로 바꾸는 일 역시 창문을 여는 만큼 쉬운 일일 수 있다. 단지 그 과정에서 술에 취해 비틀거리는 사람들이 흔히 하는 말, "나 술 안 취했어" 하는 것과 같은 이치다. 자신이 우울하다는 것을 인정하지 않고 창문 하나 열지 않은 채 고집을 피우다가 때를 놓치는 일이 발생할 뿐이다. 병을 제때 치료하지 않고 방치하면 병을 더 키우는 것처럼, 우울하다면 스스로 빨리 알아차리는 연습을 하자. 그것이 자신이 우울에서 빠져나오는 가장 빠른 길이다.

우울하다는 것은 그만큼 그 일에 집중하고 있다는 뜻
······

황원준 저자는 책에서 이렇게 말한다(같은 책 37쪽).

> 우울증이란 우울감이나 슬픈 감정들을 일상생활에서 흔히 느낄 수 있으며 주로 일상생활에서의 실망, 가까운 친지의 죽음, 별거 등과 같은 상실과 관련되어 있습니다.

나 자신이 우울할 때를 보면 한 가지 일에 집중해 그 일에서 빠져나오지 못할 때이다. '어떻게 해야 할까?', '어떡하나?', '이제부터 어떡하지?' 그런 생각이 나의 삶의 질을 낙하시키고 내 생활에 악영향을 주고, 어떤 날은 일도 하기 싫게 내가 하는 일 모든 것을 방해한다. 그런 나를 잘 지켜보면 그때는 오직 내가 불행해서 이 일을 해결해야 한다는 것에 거의 초점이 맞춰져 있었다. 그때의 나는 아마 악역의 배우를 연기하라고 하면 그때의 시점이 참 적적할 만큼 그 하나에 몰두해 있으니까. 그럴 때 나는 한마디로 매우 '신경질적'이다. "짜증 난다"는 표현을 많이 쓰고 코밑까지 찌그러질 만큼 인상을 찌그러뜨린다. 이처럼 짜증을 내는 경우도 한 가지 일을 골똘히 생가히고 또 생각할 때다. 요리를 하다가, 청소를 하다가 다치는 경우도 그때 제일 많이 일어났다.

한번 돌이켜보자. 요리를 하면서 데일 때 무슨 생각을 골똘히 하고 있었는지. 길 다가가 돌멩이를 걷어찼을 때 그때 무슨 생각을 하고 있었는지. 나는 그때 미워하는 사람, 내가 싫어하는 사람을 생각하고 있었다. 그리고 내가 저지른 실수에 대해 생각할 때 가장 많이 데이고 상처가 났다. 어쩔 때는 선반 모서리에 긁혀 살까지 찢어진 경험이 있다. 그것은 미움이 나에게 주는 신호다. 누군가를 미워한다는 것은 결국 내 마음에서 일어나는 일이니 스스로를 미워하지 말라는 신호다. 내가 싫어하고 미워하는 상대방은 자신을 미워하는지 좋아하는지 모르니 그 미운 마음, 아픈 마음이 일어나는 것은 온전히 내 몫일 뿐이다.

우울하고 불안할 때 일상에서 취미를 만드는 습관
······

'우울해질 때에는 단것을 먹으면 기분이 좋아진다'는 말을 들은 적이 있다. 우울할 때에는 단 음식도 도움이 되지만 신선한 공기를 마시면 기분이 상쾌한 것처럼 좋은 것을 보고, 좋은 것을 느끼고, 좋은 것을 체험하면 잠시라도 기운이 회복된다.

나의 책꽂이 위에는 유리로 된 꽃병이 있다. 그리고 나란히 수중 화분이 있다. 보통 나는 꽃을 살 때 기분을 전환시켜 줄 꽃송이가 탐스럽게 피어 있는 꽃을 산다. 그리고 우울하거나 불안할 때에 하는 행동 여섯 가지가 있다.

첫째, 취미를 만든다.

둘째, 긍정적인 문구를 찾아서 읽는다.

셋째, 우울증이나 불안에 관련된 서적을 읽는다.

넷째, 운동하거나 청소하거나 몸을 움직인다.

다섯째, 즐겁고 가벼운 식사를 한다(폭식 금지).

여섯째, 충분한 휴식을 가진다. 일을 하다가도 피곤하면 30분에서 1시간 정도 누워서 쉰다.

이렇게 여섯 가지 행동만 해도 기분이 전환되는 것을 느낀다. 그중에서 가장 마지막 습관, 충분한 휴식이야말로 최고의 보약이라고 나는 생각한다.

어린아이나 어른이나 할 것 없이 아침에 일어나면 무의식적으로 기지개를 켤 때가 있다. 그것은 혈액을 원활하게 하는 일종의 스트레칭법이라고 나는 알고 있다. 우울할 때도 그렇게 기지개를 켜듯이 스트레칭하면서 몸을 움직여줘도 혈액순환이 되면서 몸이 개운해진다. 나는 평소에 드라마를 보면서도 손가락 사이로 깍지를 끼고 온몸을 비틀면서 스트레칭을 한다. 처음에는 다이어트가 주목적이었으나 지금은 몸을 움직이면서 마음도 가벼워지는 느낌이 들어서 일부러 일어나서 움직인다.

혹시 불면증이 있어서 잠이 오지 않는다면 방 구석구석 청소를 하든가, 운동을 하든가, 몸을 최대한 고단하게 만들자. 그러면 불면증도 사라진다. 예전에 나 또한 불면증이 있었다. 잠자리에 누워도 2~3시간씩 뒤척이는 것은 기본이었지만 스트레칭을 포함한 운동을 시작하고 잠자기 전에 좋은 문구를 읽으면서 자신의 아픈 마음을 다독인 이후, 특별한 일이 발생하지 않는 한 30분에서 1시간 이내에 잠이 든다.

지금 자신이 행복하다고 생각하면 적어도 불행하지는 않다
······

자신이 현재 행복한지 불행한지 알고 싶다면 최근에 행복한 일과 불행한 일을 적어보면 된다. 나의 행복지수는 그 일을 적는 것만으로 알 수 있다. 행복한 일이 더 많았다면 행복지수가 높고 불행한 일이 더 많다면 불행지수가 높은 것이니까.

우울하다면 '거울 기법' 즉 거울뉴런을 써보자. 거울뉴런이란 내가 직접 행동하지 않고 타인의 행동을 보는 것만으로도 거울처럼 반응하는 신경 네트워크다. 거울을 보면서 "너 지금 우울해 있구나. 그래도 괜찮아. 넌 곧 좋아질 거니까"라고 말을 걸며 우울해진 자신을 다독여주며 셀프 칭찬과 셀프 감사를 하자. 자신에게 하는 칭찬과 감사에 익숙해져가고 있다면 조금씩 타인도 칭찬하는 습관을 들이자.

만약 피할 수 없으면, 그냥 즐기자. 우산이 없으면 그냥 비를 맞자. 비도 오다가 그치기 마련이니까. 그리고 사소한 작은 일일지라도 모든 일에 감사하자. 나 아닌 다른 사람은 나만큼 감정을 다해 칭찬해 주고 감사해 줄 사람이 없다. 하지만 나를 먼저 칭찬하고 스스로에게 감사하다고 생각하면 그 마음은 타인을 칭찬해 주거나 감사할 때에도 진심의 감정이 전달된다.

자신이 한 실수도 칭찬해 줘라. 이 세상에 100% 완전무결한 인간은 없다. 그런데 이상하게도 사람들은 잘못은 꼬박꼬박 잘도 지적하면서 칭찬에는 인색하다. 완벽한 인간이 없다는 것을 잘 알면서도 열 번 잘하다가도 한 번 잘못하면 그 사람은 '죽일 ×'이 되는 것을 보면 사람의 심리란 참 미스터리하고 알 수 없는 일이다. 나 또한 아이들에게도 지적보다는 칭찬을 더 하려고 노력하는 편이다. 집안일 같은 사소한 일을 해주면 "설거지해 줘서 고마워. 잘했어"라는 표현을 자주 쓴다.

그리고 마지막으로, 웃자! "행복해서 웃는 것이 아니라 웃기 때문에 행복하다"라는 철학자 윌리엄 제임스의 말처럼, 우는 아이보다 방실방실 웃는 아이가 더 사람을 기분 좋게 하는 것처럼 웃어보자!

실패는 도전의 모티베이션

"변호사에 도전해 보시지 그래요?"
......

내가 처음 실패했을 때가 지금으로부터 13년 전쯤인 2010년 6월쯤이었다. 내 나이 서른하나, 큰아이가 다섯 살이던 해였다. 아이와 함께 어떻게든 생계를 꾸려가야 했던 나는 모아둔 돈으로 가게를 오픈했고 돈을 더 벌 욕심에 가게를 하나 더 열었다. 결과는 좋지 않았고 설상가상으로 소송까지 휘말렸다. 그때 아마 말문을 닫고 두문불출했던 시간이 3개월 정도 걸렸던 것으로 기억하고 있다.

나를 스스로 가둬두었던 그 3개월 동안 나는 내 마음을 글로 표현하기 시작했다. 글에는 치유력이 있는지 다행히 몸을 추스르고 다시 도전을 하기 시작했다. '별일 아니야. 이건 실패라기보다는 그냥 경험일 뿐이야. 덕분에 법적인 공부 많이 했으면 그걸로 됐다'라고 생각하며 마음을 정리했다.

소송을 진행하면서 그때 조사관이 나에게 했던 말이 있다. "한번 변호사에 도전해 보시지 그래요?" 그때 당시 소송 비용이 없어서 혼자서 모든 것을 진행해야만 했던 나는 무조건 이겨야 한다는 생각에 방문을 닫고 밤 새워 '기본6법전', '민사소송법', '가사소송법'을 전부 통째로 달달 외우면서 '소송장'과 '답변서'를 썼다. 그러니 그런 말을 들을 법도 했다.

내리는 비는 우산만 있다면 피하고 싶었지만 그때의 나에게는 우산이 없었다. 더욱이 나 혼자 피한다고 해결 나는 일도 아니었다. 이미 궁지에 몰릴 데로 몰린 나는 그때 이렇게 생각했다. '그래, 피한다고 해결 나는 것이 아무것도 없다면 스스로 방어할 방법을 찾아서 대응하자.' 이렇게 스스로 다짐하는 자신을 발견했다. 그리고 3년 뒤, 나는 다시 일어서기 시작했다.

그럼에도 불구하고 나 역시 행복해지기로 했다
······

하지만 나의 다짐은 얼마 못 가 몸이 망가지면서 다시 흔들리고 말았다. 2013년에 병으로 인해 수술을 해야 했다. 몸이 회복되는 시간은 금방이었지만 마음을 추스른 지 얼마 되지 않았던 터라 두려움이 밀려오면서 그 시간이 회복되기까지 조금은 시간이 걸렸다. 게다가 둘째 아이까지 임신한 터라 모든 것을 내려놓을 수밖에 없었다.

출산 후 2017년부터 나는 새롭게 제과제빵 공부를 하면서 다시 일어설 준비를 시작했고, 2018년에는 카페를 운영하기 시작했다. 그런데 얼마 지나지 않아 코로나19가 터졌다. 예상치 못한 결과였고 결국은 대출에 손을 대고 말았다. 적자는 계속 이어졌고 가게 매매를 시도했으나 그 상황에서 선뜻 가게를 인수할 사람은 없었다. 장사는 안 되고 빚이 점점 늘어나 어떻게 갚아야 할지, 이러다가 신용불량자가 되는 것은 아닌지 하는 불안감에 생각이 많아졌던 나는 우연히 서점에 들렀다.

정말 오랜만에 책을 샀다. 공지영의 《그럼에도 불구하고》(위즈덤하우스, 2020)였는데, 책 제목 아래에는 "나는 날마다 점점 더 행복해지기로 했다"라는 문구가 있었고 뒤표지에는 "천천히 길게 보고 불안에 잠식되지 말 것"이라고 적혀 있었다. 제목과 카피는 오랫동안 내 머릿속에서 떠나지 않았다. 실패라는 두려움에 다시 일어서지 못할 것 같은 무서움이 엄습한 상황에서 이 작은 글 하나마저도 나에게 큰 울림으로 다가왔다.

과거의 행동을 회전하는 습관, 회전공식
......

노력하고 어떻게든 살아남으려고 발버둥 쳤음에도 불구하고, 또다시 실패한 상황이었다. 이때 "천천히 길게 보고 불안에 잠식되지 말 것"이라는 문구가 찾아온 것이다. 나는 불안한 감정, 두려운 감정을 뒤로 한 채로 코를 막고 눈을 감고 수영장 물속으로 뛰어드는 사람처럼 차분히 생각의 길을 따라갔다. 그렇게 거슬러 올라간

곳은 과거를 기억하는 출발점이었다. 그러자 학교를 졸업하고 광고 회사에서 일했던 때가 떠올랐다. 월급만으로는 생활하기에 빠듯했던 나는 언제부턴가 더 많은 돈을 벌고 싶은 욕심이 생겨났고 이는 실패의 연속으로 이어졌다. 그 과정에서 우여곡절이 많았고 인간관계에서도 많은 배신을 당했다.

실패를 뒷감당하기 위해 '심기일전'으로 모든 것을 다 버리고 월 25만 원짜리 단칸방에서 아이 둘, 나까지 포함해서 셋이서 살았다. 그러던 어느 날, 해가 다 지고 달이 떠오르는 무렵, 나는 아이들을 마음껏 뛰놀게 하기 위해 돗자리를 들고 동네 공원으로 나섰다. 아들은 달이 자기를 따라온다고 신나 했고 혼자 쓰던 방이 없어지고 비좁은 방에서 사는 것이 못마땅했던 딸의 얼굴은 밤하늘만큼이나 어두웠다.

'왜? 어디서? 무엇이? 공지영의 "천천히 길게 보고 불안에 잠식되지 말 것"이란 말은 무슨 뜻일까?' 달과 별이 나에게 말을 걸었다. 살면서 어릴 적 추억 빼고는 이렇게 여유롭게 달과 별을 본 적이 없었다. 매일 밤 나타나듯이 하는 달과 별을 볼 시간적 여유조차 없을 정도로 늘 바쁘다는 말은 입에 달고 산 나, 과연 무엇이 문제일까 다시 고민에 빠졌다. 결국 생각은 다음 날까지 이어졌고, 발걸음이 이끈 곳은 또다시 서점이었다.

이번에는 김승호의 《돈의 속성》이 나를 잡아끌었다. 책 표지에는 "최상위 부자가 말하는 돈에 대한 모든 것"이라고 적혀 있었다. 나는 그 책을 서점에서부터 읽으면서 집으로 왔다. 김승호의 《생각의 비밀》(황금사자, 2015)과 더불어 《돈의 속성》은 오랫동안 묵혀뒀 던 풀지 못했던 숙제를 한꺼번에 풀어줬다. 6번 정도 반복해 읽으 며 깨달음이 생겼고, 그 이후로 우리 집에는 부자들이 쓴 자기 계발 서가 100권 넘게 배송되었다. 나는 그 책들을 굶주린 거지가 밥을 먹는 것처럼 허겁지겁 모조리 읽었다. 아무것도 하지 않고 오직 책 을 통해 부자의 생각을 알기에만 전념했다.

모든 실패의 시작은 나의 '잘못된 생각'에서 비롯되었다. 잘못된 단추를 바로 끼우는 방법은 하나였다. 잘못된 시점까지 다시 풀어 서 거기서부터 다시 끼우는 것. 마찬가지로 과거의 모든 행동과 생 각들이 잘못되었다면 그 공식은 또한 딱 하나였다. 바로 과거의 생 각을 회전해 바꾸는 공식이었다. 실패에서 벗어나려면 과거의 고 집된 방식을 바꾸면 된다. 나는 이 공식을 '회전공식(回傳公式)'이라 부르기로 했다.

실패란 성공하기 위한 답을 알려주는 과정이다
......

나는 그 공식에 하나를 덧붙여서 메모를 했다. "실패란 성공하기 위한 답을 알려주는 과정이다."

살면서 우리는 무수한 일들을 겪듯이 실패 또한 그 과정에서 일 어난 하나의 일일 뿐이다. 아기는 걷다가 넘어지면서도 또다시 일 어나 걷지 않는가? 진짜 실패한 사람은 넘어졌을 때 다시 일어나지 않는 사람이다. 실패했다고 거기서 멈추고 다시 도전하지 않는 것이 진짜 실패인 것이다.

그런 생각을 하는 과정에서 나는 "천천히 길게 보고 불안에 잠식되지 말 것"이란 말의 뜻을 이해하게 되었다. 잠식(蠶食)의 사전적 의미는 "누에가 뽕잎을 먹듯이 점차 조금씩 침략해 먹어 들어감"이라고 한다. 잠식되지 말라는 말은 불안한 감정에 먹혀 들어가지 말라는 뜻이었다. 즉 '불안에 잠식되지 말라'라는 말은 곧 '행복에 잠식되어라'라는 말과 같은 것임을 깨달았다.

나는 그때 또 한 번 모든 것을 버리기로 결심했다. 심기일전이라면서 집안의 모든 것을 다 버리고 새로 시작하기로 결심했던 그때처럼, 나는 또다시 다른 선택의 귀로에서 과감히, 망설임 없이 선택을 했다. 이번에는 나의 머릿속에 있던 과거의 생각 전부를 버리는 선택이었다. 실패라는 단어를 버리고 성공이라는 단어를 선택했고 불안이라는 단어를 버리고 행복이라는 단어를 선택하기로 했다.

그동안 내가 들은 말과 내가 한 생각들과 그리고 내가 뱉은 말들이 1+1 행사에 보너스로 진행되어 오늘의 실패를 이끌어낸 결과라는 것을, 나는 그렇게 나의 실패에 대한 총정리를 마무리했다. 따지고 보면 실패란 이렇게 수정해야만 성공한다고 알려주는 하나의 시험문제의 답이라고 말이다.

생각의 선택을 바꾸는 순간 삶이 바뀌었다

빚만 1억, 그러나 나는 '살자'를 선택했다
......

'자살을 바꾸면 살자가 되고 NO를 바꾸면 ON이 된다'라는 말이 있다. 어느 쪽을 선택할지는 본인만이 정할 수 있다. 시험에 응시한 사람들이 모두 똑같은 문제를 풀 듯이 삶에도 항상 누구에게나 똑같은 문제가 주어진다. 그런 것을 보면 삶은 공평하다. 하지만 그 답이 서로가 달라서 합격이 있고 불합격이 있다. 그것이 바로 선택의 차이다.

생각 또한 마찬가지다. 우리가 어떤 생각을 선택하느냐에 따라서 삶의 질은 확실히 달라진다. 부정적인 생각을 선택했다면 부정적인 삶을, 긍정적인 생각을 선택했다면 긍정적인 삶을 살게 된다. 콩을 심었는데 팥이 자랄 리는 없지 않은가?

2014년 2월, 송파 세 모녀 자살 사건이 뉴스에 떠들썩했다. 그들은 집세와 공과금인 70만 원을 남기고 자살을 선택했다. 내가 아는 지인 역시 사업에 실패하고 진 빚이 1억 원이 되었다. 그는 아무도 모르게 조용히 자살하는 것으로 인생을 마감했다. 뉴스에 나오지 않는 자살 사건 역시 의외로 많을 것이다.

나는 가게 폐업으로 빚을 1억 원 가까이 지게 되었다. 그때 당시까지만 해도 아이들은 열네 살, 다섯 살이었다. 내 재산은 짜장면 한 그릇 사 먹는 것조차 고민을 해야 할 정도였다. 아이들을 돌봐줄 사람이 없는 상태로 하루 8시간씩, 12시간씩 집을 비운다는 것은 엄두조차 못내는 일이었다. 그리고 설령 월급으로 간신히 생활을 한다고 쳐도 그 월급으로는 생활비만 해결되지 빚을 갚을 수 있는 여력까지 해결되는 상황이 아니었다.

현실을 볼 때마다 자살이 머릿속에서 아른거렸다. 그런데 '자살과 살자'라는 문제가 내 눈앞에 나타날 때마다 나는 항상 똑같이 '살자'를 선택했다. 두 아이의 초롱초롱한 눈빛을 보면 자살은커녕, 나를 믿고 사는 이 아이들을 어떻게 하면 살게 할 수 있을까 하는 오직 그 생각뿐이었다.

언젠가 이렇게 물은 사람이 있었다. "빚이 고작 1억 원이었는데 왜 자살했는지 모르겠어. 다른 사람한테 빌려도 얼마든지 빌릴 수도 있는데." 그때 당시 나는 아무 말도 해줄 수 없었지만 나는 알고 있었다. 사업하는 사람이 돈을 빌리고자 하면, 보통 사람들은 빚을 갚지 않을까 봐 전전긍긍 뒷걸음질하는 사람이 많다는 사실 때문이라는 것을. 그리고 빚이 문제가 아니라 선택의 문제라는 것을.

이미 그 사람한테는 자존감이 밑바닥까지 내려앉아 더 이상 일어설 용기가 없기 때문이라는 것을 말이다.

과거에 17억 원의 빚을 졌다가 현재는 기업인으로, 요리연구가로 유명한 백종원의 사연을 보라. 1억 원보다 17배 많은 빚더미에서 요리라는 자신의 길을 선택해 당당히 일어서지 않았던가? 이것은 돈의 액수를 따져 많고 적고의 문제가 아니고 자신의 앞에 놓인 문제에서 시험을 보는 학생이 똑같은 문제도 서로 다른 답을 선택하듯 다른 선택을 했기 때문이다.

생각은 선택할 수도, 바꿀 수도 있다
......

어떻게 하면 두 아이들과 살아남을까 하는 문제에 부딪힌 나는 그 답을 찾고자 생각의 뒤만 쫓았다. 마치 마라톤선수가 1등을 하기 위해 앞서가는 사람만 보고 달리듯 그렇게 뒤를 바짝 쫓아갔다. 그리고 나는 생각에 의한 답을 찾기 위해 다시 한번 책들을 반복해서 차근차근 읽기 시작했다. 그 책은 바로 김승호의 《생각의 비밀》이었다. 책에는 "나라는 존재는 그동안 내가 생각해온 결과물이다. 지금 생각을 바꾸면 나도 바뀌고 미래도 바뀐다"라는 내용이 있는데, 그때까지만 해도 나는 그 말이 무슨 뜻인지 몰랐다. '생각을 바꾼다?' 생각이란 사전적 의미는 어떤 사람이나 일 따위에 대한 기억을 말한다. '그렇다면 그냥 떠오르는 것이 아닌가?'라는 생각으로 그냥 스쳐 지나고 말았다.

책 표지에는 "매일 100번씩, 100일간 상상하고, 쓰고, 외쳐라!" 라는 문구가 있다. 집에 있다 보니 어떻게 하면 이 빚을 빨리 단기간에 갚고 어떻게 하면 내가 살 수 있을까 하는 문제에만 집착했던 나에게는 시간이 많았기에 나는 '그래, 한번 써보지 뭐. 100일간 써서 빚을 다 갚을 수 있다면 좋은 일이 아닌가? 100일간 쓰는데 돈이 드는 것도 아니고 밑져야 본전 아닌가? 그냥 시간 투자? 얼마나 단순한 생각인가?'

하지만 간절히 원하면 이뤄진다고 했던가. 나는 1년 반 만에 모든 빚을 청산했다. 더러는 가게를 매매한 돈도 포함되어 있고 또 밤낮으로 제대로 잠도 못하고 일했던 결과였다. 낮에 번 돈은 생활비 또 투잡, 쓰리잡으로 버는 돈은 빚을 조금씩 갚았다. 그리고 그렇게 갚으면 빚이 줄어갔고 갚는 액수는 달마다 더 컸기에 더 빠를 수 있었다.

100번씩 100일 동안 쓴다고 이뤄지는 것이 아니라 거기서 자신의 목표했던 생각이 더 단단해진 것 그리고 잊히지 않도록 더 견고하게 만든다는 것이 핵심 포인트였다. 우리는 모든 것은 마음먹기에 달렸다는 말을 자주 쓴다. 하지만 실제로 마음을 먹는다는 것이 어떤 뜻인지 정확하게 모르는 경우가 대부분이다. 마음을 먹는다는 것은 결국 나의 생각을 확고하게 더 단단하게 한다는 뜻이다.

보통 우리가 한 생각들은 스쳐서 지나가며, 스쳐 지나간 생각은 어떨 때는 기억이 잘 나지 않는다고 말하기도 한다. 하지만 견고한 생각은 마치 몇십 년 전에 외운 구구단이 지금도 술술 외우듯이 그렇게 기억의 저장소인 무의식 깊은 곳에 뿌리를 내린다고 나는 한마디로 간단히 정의를 내리고자 한다.

변화는 생각을 습관화하는 것에서부터 시작된다
......

내가 생각만 하고 행동하지 않았다면 모든 가능성은 배제되었을 것이다. 그냥 책을 읽고 덮어버렸더라면 어쩌면 지금의 나는 존재하지 않았을 것이다. 나는 처음에는 책 그대로 따라서 했다. 그리고 나에게 알맞은 것들을 하나둘씩 선택해 나만의 것으로 만들었다.

이것을 나는 '생각 출력 시스템'이라고 부른다. 나는 실패를 딛고 일어서려면 그냥 일반 책들이 아니라, 흙수저에서 금수저로 바뀐 그 사람들이 쓴 책들을 읽으라고 말하고 싶다. 그리고 읽는 것에만 그치는 것이 아니라 나에게 도움이 된 책 몇 권을 반복해서 읽으면서 나의 삶에 적용시켜라고 말하고 싶다. 내가 책을 다시 읽기 시작한 것은 중학교 졸업 이후였으니 20년도 더 지난 후였다. 몇 년되지 않았다는 얘기다.

나는 지금 1일 1독을 실천하는 중이다. 과거에 읽지 않았던 그 시간을 포함해서 무의미하게 흘려보낸 그 시간까지 계산해서 넣은 목표다. 그 흘려보낸 시간을 압축해서 아침 5시에 일어나 책 읽는 것으로 기존의 생각을 과감히 바꿔 현재 시스템으로 적용시키는 보충 수업을 하는 것이다. 변화는 생각을 습관화시키고 행동하는 것에서부터 시작한다. 나의 그 행동을 종합해 보면 다음과 같다.

첫째, 부자들이 쓴 자기 계발서를 읽는다.

둘째, 아침 5시에 일어나 생각 바꾸기 보충수업을 한다.

셋째, 부자들이 한 행동들을 나의 일상에 적용시킨다.

넷째, 나에게 맞는 것을 선택한다.

다섯째, 반복하고 또 반복한다. 일상 습관이 될 때까지

과거의 나는 몰랐지만 지금의 나는 알고 있다. 그 힘들었던 시간들이 포텐의 총알이 되어 곧 화려하게 터질 것이다. 포텐이란 잠재력을 의미하는 퍼텐셜(Potential)과 동일한 의미를 가지며, 관용적으로는 '터지다', '폭발하다'란 술어와 함께 쓰인다. 나는 그때를 위해 지금 준비하고 있다. 모든 일이 '준비'로부터 시작된다면 새로운 변화는 '행동'에서부터 시작된다. 변화하고 싶다면 일어나서 움직여라. 그 움직임이 행동으로 변화한다. 최고의 변화를 주는 것은 바로 반복해서 일상으로 만들기 시작하면서다.

IMTL 원칙을 적극 활용하라

나 아닌 다른 사람은 전부 타인이다
......

'IMTL'이란 '나를(I) 가장 많이(Much) 생각(Thinking)하는 삶(Life)으로 바꿔라'라는 영어의 약자다. 나 아닌 다른 사람은 전부 타인이다. 나를 사랑하는 것의 가장 기본은 미운 마음, 사랑하는 마음, 후회하는 마음이든 그런 나의 생각을 이해하고 받아주는 것이다. 내가 나를 이해하지 못하고 받아주지 못하는데 누가 나를 이해하고 받아주겠는가?

몇 년 전까지만 해도 나는 1년 365일 중에 300일은 다른 사람들을 위해서 내 마음을 썼다. 한 친구가 자신이 하는 일이 제대로 되지 않아 사기를 당했다. 사기를 당했던 그때 당시 돈 한 푼 없다면서 나에게 돈을 빌려달라고 했을 때에도 나는 선뜻 빌려줬다. 친구가 힘들 때 도와주는 것은 나는 당연한 일로 생각했다. 하지만 타인들의 생각은 달랐다. 그들은 자신이 힘들 때 도움받은 것은 당연했고 다른 사람의 힘든 상황에는 냉정했다.

A라는 친구가 있었다. A가 처음 서울로 왔을 때 지낼 곳이 없어서 우리 집에서 거의 한 달 동안 있다가 방을 구해 나갔다. 나는 A의 생일에 늘 케이크나 선물을 준비했고, A가 자기 아이를 돌봐줄 사람이 없다고 했을 때에도 나는 기꺼이 돌봐주었다. 친구니까 당연하다고 생각했다. 그런데 내가 A의 집 근처에 일할 때 너무 힘들어서 며칠만 있자고 했더니 하루 만에 자기가 일이 있다고 집에 가면 안 되냐고 했다.

내가 하던 일들이 실패하자 나에게서 도움을 받았던 사람들은 하나둘씩 자기한테 피해가 갈까 봐 피하기 시작했다. 그때 나는 인간이란 참 간사한 존재라는 것을 알게 되었다. 가족들도 마찬가지였다. 어쩌면 제일 상처를 주는 것이 가족이 아닌가 싶다. 친구는 남이니까 그럴 수 있다고 해도 가족은 피를 나눈 사이인데도 더할 때가 있다. 어려워지는 상황이 오면 진짜 내 사람을 알 수 있다는 말을 그때 뼈저리게 실감하게 되었다.

진정한 인간관계는 무엇인가
......

극도로 스트레스를 받았던 나는 인간관계에 대한 책을 읽기 시작했다. 《부자들의 인간관계》(스가와라 게이, 정지영 역, 쌤앤파커스, 2022)의 뒤표지를 보면 "더 이상 쓸데없는 관계에 시간과 노력을 들이지 마라"라고 나와 있다. 예전의 나는 관계가 1순위였다. 친구가 많은 사람들이 사회생활을 잘한다는 말도 안 되는 이론을 갖고 있었다. 그때 사람들은 주로 나에게 성격이 좋다고 말했다. 처음에는 그 말이 칭찬인 줄 알았지만 지금에 와서 돌이켜보면, 자신이 필요할 때마다 무엇이든 거절하지 않고 잘 들어준다는 표현이었다.

그 이후로 나는 인간관계를 정리하기 시작했다. 내 곁에 가까이 두어야 할 사람과 내 곁에서 멀리해야 할 사람으로 나누고 불필요한 만남은 모두 거절했다. 그러다 보니 혼자인 시간이 많았다. 살면서 나에게 도움이 되지 않았던 시간을 내 마인드를 업그레이드할 수 있는 책 읽는 시간으로 바꿨다. 자신들이 힘들 때 나를 찾아온 사람들은 많았어도 정작 내 삶이 힘들고 고달플 때 진심을 다해줄 사람은 없었다. 그나마 다행인 것은 내 편이 되어주는 친구는 있어서 그 친구한테만큼은 늘 고마운 마음이 든다.

한 지인은 내가 알기에도 정말 친구가 많았다. 그런데 전부 다 술 친구뿐이고, 정작 자신이 집이 가압류당했을 때 몇백만 원도 기꺼이 내어줄 사람이 없는 친구였다. 그를 보면서 정말 쓸데없는 인간관계보다 중요한 것은 내 시간을 잘 활용하는 것임을 한 번 더 느끼게 되었다.

나는 인간관계 중 가장 부러운 사람이 있다. 그 사람은 연예인 김수미, 김혜자 선생님이다. 자신의 유언을 가족도 아니고 남편도 아닌, 김혜자에게 남겼을 정도라고 한다. 남편의 사업 실패로 모든 재산을 잃은 김수미 씨, 친척들도 외면한 최악의 상황에서도 김혜자 씨는 먼저 김수미 씨를 찾아가 "얘, 너는 왜 나한테 돈 빌려달라는 소리를 안 하니? 이거 내 전 재산이야, 다음 달에 아프리카 가려고 했는데 아프리카가 여기 있네, 이거 다 찾아서 너 해결해. 그리고 갚지 마. 혹시 돈이 넘쳐나면 그때 주든가" 하면서 먼저 자신의 통장을 내놓았다고 한다.

나와 거의 10년이라는 시간을 매일 볼 만큼 가까웠던 B가 있다. B는 기부도 하고 주식도 몇천만 원씩 한다. 하지만 정작 내가 어려울 때 도움을 요청했더니 돈이 없다면서 거절했다. 따지고 보면 우리 사이는 돈보다 못한 사이고 일면식도 없는 기부 대상보다 못한 존재라는 것이다.

나는 진정한 우정이란 위 두 분의 사이라고 생각한다. 요즘은 가족도 그런 사이가 되기엔 어려운 시대가 되어버렸다. 그래도 그런 인연이 존재한다는 것만으로도 여전히 좋은 인간관계가 있을 수 있다는 희망이 보인다.

나를 가장 먼저 사랑하는 습관
......

이런저런 일을 겪은 결과, 지금의 나는 친구를 딱히 두지 않는다. 그렇게 과거에는 인간관계에 연연했던 내가 지금에 와서 인간관계에 연연하지 않는 이유는 딱 두 가지다.

가장 첫 번째 이유는 타인들에게 기꺼이 내어준 시간이 결국은 상처로만 남아 아파했던 나를 가장 먼저 사랑하기 위해서다. 두 번째는 타인에게 최선을 다해 기꺼이 내어준 나의 소중한 시간을 나 자신이 성장하기 위한 일에 쓰기 위해서다.

김창옥의 《나를 살게 하는 것들》(수오서재, 2022) 프롤로그에는 이런 글이 있다.

> '배고픈 요리사'라는 말이 있습니다. 사람들에게 음식을 해주고 맛있게 먹는 모습을 보니까 자신도 먹었다고 착각합니다. 저도 그런 삶을 살았습니다. 사람들이 나를 보고 웃으니까 나도 같이 웃었다고 생각했습니다. 사람들이 나를 통해 한숨 쉬어가니 나도 같이 쉬었다고 생각했습니다. 그러나 사람들에게 웃음과 위로, 공감과 소통을 주면서 정작 나 자신은 돌보지 않는 삶을 살았습니다.

내가 살아온 삶이 그랬다. 동생이나, 친구나 지인들이나 어떤 사람들은 한 달씩, 몇 년씩 우리 집에서 함께 살았지만 그때 나는 그것이 당연히 내가 해야 하는 일인 줄 알았다. 그동안은 일하면서 내 몸 고단하고 힘들어도, 퇴근해서 집에 오면 가족들을 위해, 친구들을 위해 내 한몸 희생해서 밥상을 차렸다. 분명 힘들면서도 힘들다는 그 생각을 그렇게 외면해 왔다. 아니, 어쩌면 나한테로 와서 사람들이 편안해 하는 것을 나도 배고픈 요리사처럼 편안하고 즐겁다고 착각했던 것이었다.

이제야 그 착각에서 벗어났다. 어쩌면 그 착각에서 벗어나라고 위해 나에게 그런 시간과 시련을 줬는지 모르겠지만 이제는 나 자신을 먼저 마주해야 한다는 시간이 온 것임을 안다. 타인의 생각만 존중하고 나의 생각을 존중하지 않은 결과는 과거의 시간들을 상처로 남겼다. 모든 인간관계가 다 그렇지는 않을 것이다. 세상에는 좋은 인연도 많고 많지만 나에게 온 인간관계는 그랬다. 하지만 그 인연을 통해 깨달은 것 하나, '나를 가장 먼저 사랑하는 습관'이다.

나무의 잔가지를 쳐내야 더 곧고 굵게 그리고 반듯하게 자라듯이 인간관계도 마찬가지다. 그렇다고 인간관계를 필요 없다는 것으로 차단하라는 말은 아니다. 단지 지금 만나고 있는 상대가 내가 가까이해야 할 사람인지 거리를 둬야 할 사람인지를 잘 구분해야 한다는 뜻이고 가까이해야 할 만큼의 사람이 없다면 그 시간을 나에게 초점을 맞춰서 잘 활용하라는 얘기다. 내 삶의 파워는 나로부터 시작된다. 그리고 그 주된 동력은 나를 가장 먼저, 가장 많이 사랑하는 일임은 지금의 나는 분명히 알고 있다. 그러니 IMTL 원칙을 적극 활용하라.

도전력이 곧 생각력이다

'도전'이란 생각했던 것을 행동으로 작동하는 원리다
......

도전은 이미 생각했고 마음먹은 것들이 행동으로 외부로 드러나는 일이다. 그래서 성공하려면 최소한 준비가 단단해야 한다. 이때 밤하늘의 별처럼 무수한 많은 생각들을 정리하고 또 정돈한 후 결론을 내는 힘이 바로 생각력이다. 황인선 저자는 《생각 좀 하고 말해 줄래?》(별글, 2018)에서 항상 이기는 사람들의 워딩 파워 기술이 바로 '생각을 하고 말하는 것'이라고 했다.

그러고 보면 모든 일의 순서는 생각이 먼저다. 생각의 힘은 참 강력하고 위대하다. 어떤 생각을 하느냐에 따라서 일의 성패가 갈리는 것을 보면 말이다. 도전하기 앞서 필요한 것도 생각인 것을 보면 생각력은 우리의 일상에서 심장과도 같은 존재다.

새로운 모험의 도전을 꿈꾸는 사람에게는 생각이 필요하다. 자신의 수준을 한 단계 더 높이는 도전은 지금의 한계를 벗어나는 행위인 만큼 필사적인 노력이 절실히 필요하기 때문이다. 어떻게 하면 지금보다 한 계단 더 높이 걸어서 오를 수 있을지 끊임없이 생각하는 도전의 핵심은 '한 단계 더 높이'에 있다. 그러니 발걸음을 높일 수 있는 힘이 많은 사람이 더 빨리 올라간다.

올라갈 때 타인과 비교하지 마라. 타인과 비교하는 순간, 타인을 의식하는 순간, 자신의 에너지를 조금씩 빼앗기게 되면서 실망하는 자신을 발견하게 될 테니. 타인의 말에 흔들리지도 말고 비교하지도 말고 오직 자신만의 길에서 묵묵히 가는 사람만이 한 걸음 더 빨리 걷게 될 터이니.

과거도 뒤돌아보지도 마라. 과거에 발목 잡히는 순간, 그것이 쇠사슬이 되어 어쩌면 빠져나오지 못할지도 모른다. 물처럼 앞만 보고 전진하라. 도전이란 영어를 배우는 학생이 기초반에서 중급반으로 가듯이 자신을 레벨(Level) 1에서 레벨 2로, 레벨 2에서 레벨 3으로 업그레이드하는 일이다. 빨리 레벨을 올리고 싶으면 최대한 많이 외우고 써야 한다. 뒤 페이지로 가는 순간 앞장으로 펼쳐지는 기회는 다음으로 미뤄진다.

도전의 필수요건은 밸런스다
......

도전의 핵심 생각이 '한 단계 더 높은 곳'에 있다면 거기에는 분명 조건이 붙을 것이다. 나는 그 도전에 필요한 요소들을 생각해 보았다. 그것은 밸런스(Balance)였다. 밸런스는 '균형'이라는 뜻이다. 성장하기 위해서는, 한 단계 더 나아가기 위해서는 도전에 필요한 요소를 갖추고 거기에 맞는 도전을 해야 한다. 도전도 생각을 비롯해 자신의 삶과 모든 것이 밸런스가 맞아야 하기 때문이다. 삶이 불규칙적이고 균형이 흐트러지면 정신만 산만해지지만 삶이 균형이 잡힐 때 형성되는 것은 자신감이다. 반복적인 실패를 경험했을 경우 자신감이 떨어지는 것은 물론, 온몸이 주눅이 들어있는 상태이기 때문에 도전은 상상조차 할 수 없는 일이다.

나 역시 마찬가지였다. 아무 때나 자고 일어나고 싶을 때 일어나고 불규칙적인 생활을 할 때에는 무기력해졌고 도전할 의욕조차 없었지만 일정한 시간에 일어나서 움직이고 자고 하는 지금은 몸 자체가 균형이 잡히게 되었다. 운동선수들도 일정한 시간에 일어나서 끊임없이 연습하기를 반복하지 않는가? 일정한 시간에서 일어나는 거기서부터 나는 다시 도전의 힘을 얻게 되었다.

도전은 결국 움직임, 즉 행동함에 있어서부터 시작된다. 우선은 삶에서 일정한 균형이 잡히는 것이 먼저다. 자신의 삶이 도전을 받아들일 준비가 되어 있어야 가능하며, 불규칙적인 삶에서는 설령 도전을 해도 실패의 확률이 크기 때문이다. 도전하기 전에 자신의 삶의 균형을 살펴보아라. 규칙적인 생활을 하고 있는지? 아니면 불규칙적인 생활을 하고 있는지? 그 균형적인 삶에 대한 체크는 아침에 일정한 시간에 일어나는지 일어나지 않는지 그 조건 하나만 보아도 알 수 있는 사항이다.

무한한 힘을 생성하는 도전에 대한 생각 습관
······

하지만 규칙적인 삶이 완성되었어도 도전을 함에 있어서 항상 뒤따르는 것이 있었다. 그것은 바로 두려움이었다. 무슨 일이든 시작하기 전에 두려움이 가슴 깊은 곳에서 남아서 도전하려는 나를 방해하곤 했다. 그때마다 나는 그 방해꾼을 달랬다. '이번 딱 한 번만 더 해볼게. 이게 마지막이야!'

나는 실패 이후 내가 다시 도전할 거라고는 생각하지 않았다. 마지막으로 딱 한 번 도전 후에는 정리하고 마무리를 지을 거라고 다짐했다. 하지만 지금에 와서 보면, 나는 정작 멈췄다고 생각했던 그곳에서 외출하려고 신발을 신고 신발 끈을 예쁘게 묶는 사람처럼 앞으로 한 걸음 더 나아가려는 준비를 하고 있었다. 그래서 나는 도전함에 있어서 네 가지 생각 습관을 세우기로 했다.

첫 번째, 도전에 대한 두려움을 배제하는 것
두 번째, '딱 한 번만 더'의 힘을 믿는 것
세 번째, 성공이라는 단어만 뇌에 입력하는 것
네 번째, 충분히 반복해서 꾸준히 연습하는 것

운동선수들도 충분한 연습을 거친 후에 출전하듯이, 작가가 되기 위해 수많은 글을 쓰고 또 쓰면서 연습하듯이, 나 역시 도전에 대한 모든 연습을 마친 다음 새로운 도약을 시작했다. 그 시작은 아주 작은 것부터 하나씩 성공하는 것으로부터 준비를 했다. 도전은 자신을 업그레이드시키는 생각에서부터 그 힘을 생성한다. 그때 생성하는 힘은 무한하고 끝없다.

나를 업그레이드 시키는 힘을 발휘하는 생각

- 나에게는 두려움을 극복하고 도전할 용기가 있다.
- 나는 내가 하려는 일에 관해 많이 연습했기 때문에 충분히 해낸다.
- 든든한 생각이 뒷받침해 주는 도전은 언제나 환영받는 존재다.

다시 한 번만 더, 딱 한 번만 더
......

그 모든 연습을 했음에도 불구하고 나는 주춤했고 망설였다. 두려운 마음이 또 한 번 쓰나미처럼 몰려왔다. 처음 실패의 원인을 찾을 때까지만 해도 나는 다시 한 번 더 할 용기도, 생각도, 힘도 없었다. 무기력함이 나를 일어설 힘조차 없이 주저앉게 만들었다. 하지만 하나둘씩 반복하는 연습을 하는 준비 과정에서 나는 무의식적으로 한 번 더 일어설 준비를 하고 있었다.

'정말 이번이 마지막이야, 다시 한 번만 더, 딱 한 번만 더!' 무언가 하고 싶은 욕구가 그 어떠한 희망보다 더 기대치를 발현하고 있었고 그 기대치는 모든 두려움의 쓰나미조차 감당할 만큼의, 아니 그 이상의 힘을 주고 있었다. 그 힘이 바로 '도전'이었다. 지금에 와서 보면 그곳에서, 주저앉았다고 생각했던 그곳에서 나는 생각의 힘을, 도전의 힘을 키우는 씨앗을 두 줄로 나란히 심고 있었다. 그 씨앗이 발아되고 크기까지 걸리는 시간이 딱 내가 주저앉은 시간 이었다. 그러고 보면 '한 번만 더'에 집중하면 더 많은 것을 생각하게 되고 더 많은 기회를 만들게 되고 더 많은 변화를 불러오고 있었다. 딱 한 번만 더, 그 속에는 이미 불가능을 뛰어넘어 성공으로 가려고 도전하는 힘이 내포되어 있어 또 다른 변화를 불러준다.

'그냥 해볼까?' 하는 힘과 딱 한 번만 더 하기 위해서 기울이는 힘은 엄청난 차이가 있다. 그러니 그냥 하지 말고 딱 한 번만, 더 생각하고 행동하라. 그것이 타격을 받은 삶을 회복시켜주는 최고로 빠른 지름길이다. 나는 딱 한 번만 더 하고자 하는 나 자신에게 이렇게 용기를 주고자 한다.

'성공을 하고 싶다면 딱 한 번만 더 도전하라. 딱 한 번만 더 한다는 것은 그만큼 자신을 향상시킬 수 있는 강력한 힘이 작동한다는 것이다.'

3장

나만의 몰입 공간을
만드는 기술

뇌를 쉬게 하라

지나친 생각은 과유불급(過猶不及)
......

과유불급이란 지나친 것은 미치지 못한 것과 같다는 뜻이다. 지나친 생각은 오히려 독이 될 수 있고 아니함보다 못할 수도 있다. 특히 상처받았던 일이나 좋지 않았던 감정이 휩싸인 생각일수록 더 빨리 멈춰야 한다.

나는 생각이 많아질 무렵, 스스로 내가 너무 많은 생각에 집중되었다고 판단이 되면 생각을 멈춘다. "그만", "스톱(Stop)". 생각을 멈추는 일은 생각을 정리하는 일보다 훨씬 쉬웠다. 생각이 지나치게 많아질 때면 그 생각에서 벗어나고자 나는 운동을 가거나 쇼핑을 간다. 외출하는 것이 부담스러울 때에는 드라마를 본다. 때로는 기지개를 켜는 것과 같은 가벼운 스트레칭을 할 때도 있다.

과거에 나는 생각이 전류처럼 흐르는 대로 가만히 내버려 뒀다.

생각이란 원래 그런 존재인 줄로만 알았다. 생각을 바꾸는 법도, 생각을 쉬는 법도, 어처구니없게도 몰랐다. 실패 하나가 나에게 가져다준 것은 실패의 원인뿐만 아니라 행운의 생각을 부르는 습관부터 시작해서 돈의 출처까지 많은 것을 알게 해줬으니 어쩌면 잃는 것보다 얻는 것이 더 많은 나의 삶에는 득이 된, 살면서 일어난 하나의 사건으로 남았다.

생각을 멈추는 법은 간단하다. 가장 첫 번째는 지금 현재 자신이 나쁜 생각에 몰두해 있는지, 좋은 생각에 몰두해 있는지를 아는 일이다. 좋은 생각이라면 스스로 웃음이 나와서 괜찮지만 나쁜 생각을 하고 있는 순간이라면 즉시 멈추는 연습을 해야 한다. 나쁜 생각이 자신한테 주는 영향은 의외로 크다. 그것이 우울한 감정으로 몰고 가 결국은 극심한 우울증에 빠질 수도 있다.

두 번째 나쁜 생각을 많이 하고 있다는 것을 알면 생각을 좋은 방향으로 돌려야 한다. 진통제 같은 역할을 해줄 그 방법으로 우선 긍정 문구를 붙여 놓은 곳으로 재빨리 이동해 그 문구를 읽는 것이다(45쪽 '럭키 씽킹 노트 10' 참고). 나쁜 생각의 터널을 빠져나왔다면 그때 다시 운동을 하든 쇼핑을 하든 침울한 감정을 준 그곳에서 벗어나 밝은 곳에서 생각을 진정시키는 것이 좋다.

뇌도 휴식이 필요하다
......

현대인들은 요즘 늘 사는 게 힘들다고 한다. 다음으로 많이 하는 말이 피곤하다는 말인 것 같다. 피곤하다는 것은 그만큼 수면이 부족하다는 얘기다. 어떤 사람들은 출근하고 퇴근하기까지 9~10시간 사용하고 또 회식이다, 친구 만난다 하면서 쓰는 시간이 3~5시간 정도가 되는 듯하다.

나 같은 경우는 집에 가서 아이들 챙기고 집 청소까지 마무리하고 나면 온몸이 나른하다. 거기다가 예상하지 못했던 일들까지 발생하면 머리가 더 지끈지끈 아팠다. 거기다가 나쁜 생각에 휘둘려 밤새 뒤척이다가 쪽잠을 자고 난 이튿날은 더욱 고단했다. 자고 일어나면 눈 밑에 다크서클이 진하게 생겨났다.

하지만 잠을 푹 자고 난 다음 날은 이상하게도 몸이 개운한 것은 물론이고 머리도 맑았다. 머리가 상쾌한 날은 똑같은 상황이 발생해도 그냥 '오늘은 이런 일이 일어났네' 하고 별일 아니듯이 넘기는 나를 발견했다.

일주일 동안 하루 4~5시간 자고 의사결정을 하는 사람은 술에 취한 채 판단을 하는 것과 같다는 연구결과가 있다. 이처럼 우리의 뇌는 반드시 휴식이 필요하다. 모든 것을 쉼 없이, 끊임없이 몰아붙이지 말고 쉬면서 가는 것, 그것이 내 인생의 터닝 포인트(Turning Point)다.

나에게는 한 가지 일에 집중하면 며칠이 걸리든 그 문제가 해결이 날 때까지 잠을 자지 않고 해결하는 습관이 있다. 하지만 문제를 다 해결하고 난 그 이후에라도 나는 이틀씩 아무 일도 하지 않고 쉬어준다. 거기서 더 몰아붙이면 나는 과욕으로 병이 난다는 사실을 알고 있기 때문이다. 뇌를 쉬게 하는 것은 뇌를 사용하는 것만큼 중요하다.

뇌를 쉬게 하는 습관 네 가지
......

나는 다음과 같은 방법으로 뇌를 쉬게 해준다.

첫째, 암막 커튼으로 불빛을 차단하고 하루 7~8시간 충분히 자기

둘째, 불안한 심리를 안정시킬 수 있는 심리학 유튜브 강의나 영화, 드라마를 보면서 생각을 쉬기

셋째, 점심시간 햇빛이 따스한 곳에서 가볍게 산책하기(과도하거나 무리한 운동은 오히려 스트레스를 줄 수 있다)

넷째, 두 팔을 벌리고 멍 때리면서 드러누워 있거나 명상하기

앞에 소개한 것처럼 뇌를 쉬게 하는 방법은 다양하지만 내가 이 방법, 저 방법을 다양하게 해본 결과 나 역시 뇌를 쉬게 하는 최고의 방법 중 하나가 수면이었다. YTN의 사이언스 교양프로그램 〈핫클립〉에서도 뇌를 쉬게 하는 방법 가운데 최고 좋은 방법을 수면이라고 소개하고 있다. 그리고 수면 중 일어나는 꿈은 최근에 있었던 일들 중에서 불필요한 것들을 정리하는 역할도 해준다니, 뇌를 쉬게 하는 데 수면만큼 좋은 일은 없을 것이다.

나는 잠을 자면 매일 꿈을 꾼다. 어떤 날에는 낮에도 낮잠을 자

다가 꿈을 꾸기도 한다. 왜 이렇게 많은 꿈을 꾸고 있는지 알기 위해 나는 프로이트의 《꿈의 해석》(돋을새김, 2014)과 와타나 베쓰네오의 《사람은 왜 꿈을 꾸는가?》(끌레마, 2017) 등의 꿈에 관한 책과 뇌에 관련된 책들을 읽었다.

그 결과 현실에서 있었던 일들과 나의 꿈이 일어나는 시점, 꿈의 내용과 보고 들었던 내용들을 종합해 보면 그것은 현실에서 일어난 일들을 정리해 주는 과정이라는 결론을 내렸다. 그러고 보면 몸은 쉬고 있어도 자신의 역할에 충실한 뇌는 밤에도 일을 하고 있었다.

나는 고단할 때에는 낮이든 밤이든 막론하고 몸을 잠시 기대서라도 1~2시간이라도 잠을 자준다. 핸드폰도 많이 사용하면 배터리가 다 나가고 충전을 해야 하듯이 몸이 고단하다는 것은 쉬고 싶고 뇌에서 몸을 충전하라고 보내는 신호다.

나는 그 신호를 제때에 받아들이는 편이다. 어쩌면 지친 일상에서 나에게 주는 보상이라고 해도 좋다. 그렇게 뇌에서 일어나는 생각이나 현실에서 고단한 몸을 쉬어 주는 일은 충분한 잠이다. 잠을 쪼개서 다른 곳에 투자하지 말고 잠을 충분히 자는 것도 자신이 해야 할 일 중의 하나이며, 뇌를 쉬게 해주는 가장 좋은 습관이다. 뇌를 쉬게 해줘야 머리가 맑아지고 머리가 맑아져야 또 다른 생각을 입력해도 쉽게 받아들이기 때문이다.

가장 중요한 것은 건강이다
......

스트레스가 만병의 근원이라는 것은 누구나 다 알고 있는 사실일 것이다. 하지만 스트레스가 제일 많이 쌓이는 곳을 묻는다면 나는 뇌라고 대답할 것이다. 뇌에 쓰레기를 장기간 방치하면 우울한 감정이 밀려오고 불안한 감정이 짓누르지만 반대로 뇌에 방치된 쓰레기를 말끔히 청소해 그것에 좋은 것들로 채워놓는다면, 지끈거리며 아파왔던 머릿속은 분명 맑아질 것이다.

우리가 몸이 아프면 일 하는 것도 힘들어 쉬듯이 뇌도 건강해야 자신의 맡은 바 임무를 수행한다. 내 머릿속에 스트레스가 찾아온다면 잘못 배송된 물건을 반품시키는 것처럼 바로 반품시키거나 상한 음식을 버리는 것처럼 바로 버리거나 해소하자. 하지만 이미 반품 기간이 지났거나 버리는 법을 모르겠다면 스트레스를 푸는 방법을 찾아 해소하자.

스트레스를 확실하게 해결하는 방법
- 경치 좋은 곳으로 여행을 떠나기
- 땀을 흠뻑 흘릴 정도로 운동장을 열 바퀴 정도 달리기
- 화끈하게 매운 음식을 먹기(많이 먹는 것은 금물)
- 자신이 하고 싶었던 말을 메모했다가 당당하게 말하기

대개의 스트레스는 타인으로부터 온다. 타인에게서 오는 스트

레스는 당당하게 자신이 하고 싶은 말을 하지 못한 데에서부터 시작한다. 가끔 나는 내가 하고 싶은 말을 메모했다가 달달 외운다. 그리고 평소 하지 못했던 말을 전달해야 할 사람에게 또박또박 말한다. 그 말을 하기 전에 상대방이 기분 나빠서 나와의 관계를 끊어도 좋다는 마음가짐이 중요하다. 그런 이유로 떠나는 사람은 언젠가는 그 이유 아닌 다른 이유를 핑계 삼아 떠날 사람이니 연연하지 않는 것이 좋다.

본인의 확실한 의지를 표현한다고 기분 나빠한다는 것은 자신이 감당하지 못할 상대라는 것으로 인식한다는 것이며 중요한 것은 함부로 대하지 못한다는 증거다. 대개는 "그런 생각 하고 있는 줄 몰랐어. 미안해"라고 하던가 다른 변명을 한다.

"저는 그렇게 할 자신이 없는데 어떡할까요?" 하는 사람도 있을 것이다. 그럴 때에는 그냥 메모했던 것을 혼자서 읽어라. 서너 번 읽다 보면 이외로 별일이 아님을 발견하게 되고 쌓아 뒀던 것을 입 밖으로 내보냄으로 인해 스트레스가 해소되기도 한다. 스트레스가 해소되어야 뇌를 안전하게 보호할 수가 있으며 뇌가 안전해야 뇌가 외부의 스트레스로부터 나를 지켜줄 수가 있다. 이것은 나와 뇌의 일상에서의 상호작용(相互作用)이다.

행운을 만드는 습관을 들여라

좋은 사람이 좋은 말을 하듯이
......

OBS 김준호 아나운서가 쓴 《좋은 사람이 좋은 말을 한다》(포르체, 2022)의 프롤로그에는 "말은 결국 듣는 사람을 향하는 것이다"라는 문장이 있다. 우리는 살면서 수많은 말들을 듣고 산다. 그중에는 기분 나쁜 말도, 욕하는 말도, 좋은 말도, 상처 주는 말도 포함되어 있다. 좋은 말을 들었다면 그나마 다행이지만 욕하는 말, 상처 주는 말들은 오랫동안 기억을 파고들며 자기 자신 스스로조차 괴롭힌다.

얼마 전 한 친구가 연락이 왔다. 같이 사는 룸메이트랑 밥을 먹다가 다퉜다는 것이다. 평소 많이 참아왔던 이 친구는 며칠이 지난 지금도 아직도 화들짝 놀란다고 했다. 이 친구의 말에 의하면 "어쩜 너는 나한테 쓸모없는 사람이니? 너는 왜 분리수거도 제대로 하지 않니?"라는 말들을 들었고 참다가 화가 난 친구는 "내가 너한테 쓸모 있는 인간이 되기 위해 태어난 줄 아니? 지금껏 네가 한 일이 다 잘해서 내가 참은 줄 아나 본데, 함께 사니 그냥 모르는 척 넘어간 것뿐이야!" 하면서 이어진 다툼이 결국은 이 친구가 그 집에서 나온 계기가 되었다.

나 역시도 무심코 던진 말에 상처를 받은 적이 있다. 그 상처 되는 말들은 지금도 한 번씩 독뱀처럼 머리를 쳐들고 올라올 때가 있다. 처음에는 그런 말 때문에 밤새 이불을 뒤집어쓰고 운 적도 있었지만 전혀 그럴 필요가 없음을 나는 깨달았다. 그것은 결국 나에게 더 큰 상처를 주게 된다는 것을 알았기 때문이다.

얼마 전에도 C와 대화를 하는데, C는 말끝마다 나쁜 말만 한다. C를 만나고 오는 날이면 기분이 가라앉고 온몸의 에너지가 빠져나가는 느낌이었다. 그런데 주변을 돌아보니 C와 같은 사람들이 의외로 많았다. 계속 좋지 않은 말만 듣고 살아온 것이다.

그런 일을 계속 겪다 보니 '좋은 말을 듣는 것도 아닌데 왜 내가 이런 사람들을 만나나' 하는 회의가 들었다. 곰팡이 같은 나쁜 말들이 나의 뇌를 송두리째 먹어서 가끔씩 나의 뇌에서도 그런 단어들이 맴돌면서 나의 기분을 어지럽히는 느낌이었다. 그런 이들과 대화할 때마다 나는 "세상에 좋은 단어, 아름다운 언어들이 많아. 우리 좋은 단어만 쓰기로 합시다"라고 말한다. 좋은 말은 들은 사람에게 엔도르핀이 돌게 한다. 칭찬은 고래도 춤추게 한다는 말도 있지 않은가?

기분 나쁜 말을 들었다면 기분 좋은 말로 전환하기
......

《우리의 뇌는 이렇게 배우는가》(스타니슬라스 드앤, 엄성수 역, 로크미디어, 2021)에 따르면, 우리의 뇌는 나쁜 말을 들으면 나쁜 말을 그대로 흡수한다고 한다. 나는 그 이후부터 좋은 말을 하는 사람과, 나쁜 말을 하는 사람을 구분했다. 조금이라도 부정적인 말들이 들어오는 동선을 모두 차단했다. 흐르는 전류를 차단기로 내리면 전류는 더 이상 흐르지 않듯이, 나쁜 언어를 쓰는 사람과는 거리를 두고 좋은 언어를 쓰는 사람들과의 만남만 유지를 하면서 그렇게 새로운 뇌가 배우는 길을 열었다.

어릴 때 자음, 모음을 배우듯이 좋은 말을 배우기 시작했는데, 첫 시작으로 자기 암시와 확언을 배웠다. 긍정 확언으로 스스로에게 좋은 말을 들려주었다. 타인이 한 말만 들을 수 있는 것이 아니라 내가 한 말 역시 내가 들을 수 있고, 어떤 말을 듣느냐에 따라 내 인생이 달라지기 때문이다.

나 스스로에게 들려준 좋은 말은 다음과 같다.

- 나는 날마다 모든 면에서 점점 더 좋아지고 있다.
- 나는 나로서도 참 괜찮은 사람이고 멋진 여자다.
- 나는 모든 것을 해결할 수 있는 능력을 가진 여자다.
- 나는 나로서도 충분히 행복한 사람이다.
- 나는 참 운이 좋은 사람이다.

이런 좋은 문구들을 골라서 나에게 들려주자 조금씩 자존감이 높아지기 시작했다. 잃어버린 웃음을 되찾고 삶에 활력소가 생기기 시작했다. 몇몇 사람들은 내가 웃는 모습을 참 오랜만에 본다면서 좋아했다. 하긴 그럴 만도 한 게 한동안 인상이 찌그러져 있었고 늘 화를 냈으니 말이다.

부정이 나에게 주는 힘은 대단했다. 나를 화병이 나게 만들었으며, 또 웃을 줄 모르는 사람으로 변하게 만들었다. 그런데 긍정이 주는 힘은 더 위대했다. 그런 초라한 나의 삶을 완전히 송두리째 바꿔놓았으니 말이다.

나의 뇌가 배우는 아침 확언과 저녁 확언
......

나는 아침저녁마다 긍정 확언을 하도록 루틴을 만들었다. 처음에는 어색해서 가끔씩 했지만 몇 번씩 자주 반복이 되자 이제는 습관이 되었다. 내가 하는 아침 확언과 저녁 확언을 몇 가지 소개한다.

아침 긍정 확언

- 오늘도 좋은 일들이 일어나게 해주셔서 감사합니다.
- 나는 언제나 건강하고 행복합니다.
- 함께하는 사람이 있어 참 든든합니다.
- 피할 수 없으면 즐기자.
- 두 아이를 무난하게 잘 키울 수 있게 해주셔서 감사합니다.

- 내가 하고 싶은 일들을 할 수 있게 해주서서 감사합니다.
- 내가 원하는 것을 이루어주서서 감사합니다.

저녁 긍정 확언

- 생각아, 잠시 멈추고 잠자자! 이 시간은 오늘 하루 수고한 너를 위해 마련된 자리야! 오늘 하루도 수고했어.
- 오늘보다 더 좋은 일들이 일어나게 해줄 내일에 대해 미리 감사합니다.
- 나에게 힘이 되어주는 사람들에게 감사합니다.
- 오늘 목표를 달성하게 해주서서 감사합니다.
- 아이들이 밝게 잘 크게 해주서서 감사합니다.
- 작은 성공이라도 이룰 수 있게 해주서서 감사합니다.
- 오늘도 행복을 누릴 수 있게 해주서서 감사합니다.

불행도, 행운도 결국은 스스로 만들어 낸 습관이다
......

누구나 운(運)이 있지만 그 운을 반쪽으로 갈라 불운을 만든 것도, 행운을 만든 것도 결국은 스스로 만들어낸 습관이다. 부적절한 언어를 쓰는 사람과 어울리거나 그런 생각을 하면 그런 부류로, 좋은 언어와 좋은 말을 쓰는 사람과 어울리거나 그런 생각을 하면 좋은 사람이 되는 것이다. 만나는 사람을 분리하고 좋은 말을 사용하는 것만으로 불운을 행운으로 바꿀 수 있다. 그리고 이것은 오직 나 스스로만이 할 수 있다.

지금도 지하철을 타거나 사람을 기다려야 하는 상황이 오면 그 틈을 타서 좋은 구절들을 달달 외운다. 그동안 너무나 부정적인 곳에 나를 깊숙이 담갔기에, 그 많은 부정을 씻어내려면 한두 마디의 단어로 해결할 수 있는 문제가 아니기 때문이다. 스스로 높이는 자존감은 그렇게 좋은 글귀와 자기 암시로 시작되었다. 모든 것에 감사하고 나를 사랑하는 좋은 말들로부터 하루를 시작하니 내 인생에서 내가 주인공이 아니라 모든 감사한 마음들이 나를 인생의 주인공으로 만들어주고 있었다.

이 행운의 습관을 만들기 시작하면서부터 내가 원했던 일들이 하나둘씩, 이루어지기 시작했고 그 작은 것들이 이루어질 때마다 나는 감사를 했다. 그동안 감사를 모르고 살았던 내가 감사를 할 줄 아는 것을 보면 그동안 감사할 일이 별로 존재하지 않았던 것 같다. 아니, 존재할 리가 만무했다. 부정이 감사할 일은 아니지 않은가? 나쁜 표현을 하는 사람에게 감사한 마음이 생길 리는 만무하지 않은가?

좋은 말, 좋은 언어는 결국 그 사람에게 행운을 가져다주지만, 나쁜 말, 나쁜 언어는 결국 그 사람에게 불행을 갖다 준다. 기억하라, 우리의 뇌는 어떻게 배우는지! 불운을 벗어 버리고 행운을 만드는 습관을 들이는 것은 결국 나, 바로 자신에게 달려 있다는 것을.

혼자 정리하는 시간을 가져라

최대한 혼자 생각할 시간을 가져라
......

혼자서 결정을 내리는 습관은 매우 중요하다. 다른 사람에게 문제의 결정을 맡길 경우, 그 사람은 나만큼 그 문제의 심각성을 알지 못한다. 대충 듣고 자신이 생각나는 대로 얘기할 가능성이 있다. 더군다나 그것이 비밀스러운 얘기라면 더욱더 혼자서 해결해야 한다. 나의 단점이란 다른 사람에게는 자신의 약점이라는 칼을 휘두를 기회를 주는 것과 마찬가지니까.

언젠가 지인에게 들은 이야기다. 자신의 가장 친한 친구한테 비밀을 말했는데 그 친구가 다른 친구한테 그 비밀을 말했다는 것이다. 당사자는 배신감에 잠이 오지 않고 그 친구를 어떻게 대해야 할지 모르겠다고 했다.

당신은 타인의 고민을 얼마만큼 심각하게 받아들이는가? 그 사람한테는 심각한 얘기가 나에게는 그냥 한낱 별것도 아닌 수다에 불과한 얘기일 수 있다. 그 말은 즉 나의 심각한 고민 또한 타인에게는 가십거리 중 하나가 될 수 있다는 것이다. 그래서 타인에게 털어놓는 고민은 늘 신중에 신중을 기해야 한다.

나 역시도 이런 경우를 자주 경험했다. 인생에 중요한 문제를 결정할 때 다른 사람한테 물으면 내 의사와는 무관한 결정을 내릴 때도 있었다. 그 이후로는 되도록 일기를 쓰는 방식으로 대체했다. 일기를 쓴 후 대개 나중에 읽어보면 별것도 아닌 일에 예민하게 반응하고 받아들이는 경우도 허다했다.

버락 오바마 미국 대통령이 2008년 대통령 후보 자격으로 영국 의회를 방문했을 때였다. 그는 데이비드 캐머런 당시 보수당 지도자와 사적인 대화를 나눴다. 이 대화는 방송국 카메라에 우연히 녹음돼 세상에 알려졌다. 둘은 현명한 의사결정이 정치의 핵심이라는 데 공감했다. 특히 오바마는 "(의사결정에) 성공하려면 하루 중에 오직 '생각하기'만을 위한 상당한 시간을 내는 게 가장 중요하다"고 말했다. "(그렇게 하지 않으면) 실수를 하게 되고 큰 그림을 놓칩니다. (의사결정에 필요한) 감각을 잃게 되죠." 그러나 오늘날은 조용히 생각하는 게 힘든 시대다. 끊임없는 자극이 우리를 방해한다.
— 김인수, "차라리 혼자 생각할 시간 가져라", 〈매일경제〉, 2014. 7. 18.

고민이 있을 때마다 다른 사람을 찾아 그 의견에 흔들리던 과거와 달리 지금은 생각하고 결정하기 위해 혼자 있는다. 그것은 오직 그 무엇에도 방해받지 않고 '생각하기' 위해서다. 혼자만의 시간을 방해하는 요소에는 핸드폰도 포함된다. 이때는 핸드폰을 무음모드로 하거나 꺼놓기도 한다. 생각할 때 아무도 방해할 수 없는 조용한 곳에서 오직 '생각'에만 집중해야 한다. 그래야 필요한 부분, 중요한 부분을 놓치지 않고 내가 알고자 하는 방향을 잃지 않기 때문이다.

혼자서는 힘들다면 책을 읽거나 그 분야의 전문가를 찾아라

······

혼자서 해결할 수 없는 문제라면, 그와 관련된 책을 20권쯤 읽어라. 그래도 풀리지 않는다면 친구나 지인이 아닌, 그 분야에서 최고의 전문가를 찾아가서 상담하라. 비용이 들어도 자신한테 큰 이득이 된다. 최소한 배신감 때문에 상처받을 일이 없고 그 분야에 대한 전문 지식을 얻는다. 몸이 아플 때 주변 사람들한테 "나 아픈데 어떡해?" 하고 질문하는 것이 좋은지, 병원에 가서 진료를 받는 것이 나은지 생각해 보는 것과 같은 이치다.

나는 고민거리가 있을 때 일부러 상담소를 찾기도 한다. 왜냐면 속 시원히 터놓는 것만으로 대부분의 문제는 해결되고, 그 속에서 의외의 답을 찾는 경우도 있기 때문이다. 하지만 대부분의 문제는 책이나 자료를 통해 해결되었다.

고민을 해결하기 위한 방법

- 관련된 서적을 20권쯤 읽는다. 최소 10권이며 중요한 부분에 대한 메모는 필수사항이다.
- 인터넷에서 관련된 자료를 찾는다. 구독자 수와 조회수가 많은 채널을 추천한다.
- 관련 분야의 전문가를 찾는다.
- 고민은 전문상담사를 찾아서 해결한다.

성장 과정에서 일어난 고민을 해결하는 간단한 방법
......

보통 고민은 불만족에서 시작된다. 삶이 만족스러운데 고민할 게 있는가? 만족도가 높을수록 즐겁고 신나기만 할 텐데 말이다. 나는 일상에서 고민이 있을 때 일기를 쓰는 것만으로 충분히 해결되었다. 일기는 나만 보니까 마음껏 욕해도 상관없다.

몇 년 전의 내가 쓴 것을 보면 내 인생을 나락으로 빠뜨리는 내용들이 많았다. 노트에는 "인간 말종 같은 ×××", "죽고 싶다", "사는 게 왜 이 모양이야?", "이제 난 어떻게 해야 하지?" 등 욕을 비롯한 해괴망측한 말들이 다 적혀져 있었다. 하지만 그것은 그때 당시 힘들었던 나를 지키는 나름의 방식이었다. 왜냐면 일기를 쓰면서 그 속에서 새로운 나의 마음을 발견하게 되며, 그렇게 털어놓음으로 인해 나와 대화를 하는 형식으로 가슴 깊이 묻어둔 좋지 않은 감정을 표출시켰기 때문이다.

욕하고 싶다면 노트에 실컷 욕하라. 그것은 아무에게도 흉이 되지 않고 오히려 자신을 지키는 힘이 되어줄 것이다. 보다시피 그러고 나면 문제가 해결이 나거나 별것도 아니라는 사실을 발견하게 된다. 어떤 고민이든 그것이 일상에서의 걱정거리든 더 나아지는 자신을 위한 성장 고민이다. 성장 과정에서 일어난 일이니 이 또한 지나가리라고 생각한다. 그때의 내가 욕을 메모에 달고 살았다면 지금의 나의 메모는 다음과 같이 완전히 다른 메모로 변해있었다.

오늘 내가 해야 할 일은 유튜브 원고 작성하는 것, 도서관에서 읽고 싶은 책 빌리기, 나의 생각들이 하나하나 이뤄지며 날마다 더 좋은 날이 오는 신기한 삶을 사는 게 너무 재밌다.

욕이 가득했던 메모는 새로운 메모를 위한 성장 과정이었다. 모든 불행한 일들은 또 다른 내일을 만들기 위해 일어난 하나의 스토리일 뿐, 나를 힘들게 하려고 일어난 일들은 아니었으니 나만 불행하다고 불평불만, 한탄하지 마라. 그 또한 지나가리라.

모든 문제의 답은 내 생각 안에 있다
······

불평이든 불만이든 감사한 마음이든 받아들이는 최종 결정은 모두 본인이 하는 것이다. 이외의 모든 문제의 답 또한 본인은 알고 있지만 이것이 과연 옳은 것인가? 아닌 것인가? 더 정확하고 확실하게 하고 싶어서 묻고 싶고 알고 싶어서 하는 질문이 대부분이다. 그리고 이미 답이 정해져 있는 경우와 자신의 원하는 답을 듣고 싶어 하는 경우가 많다. 나 역시 나는 내가 무엇을 어떻게 하고 싶어 하는지를 알고 있었다. 하지만 그것이 100% 확실하지 않기 때문에 더욱 확실한 방법을 찾기 위해서 상대방에게 의견을 묻곤 했다. 하지만 돌아오는 답은 성의 없는 답이었다. "혼자서 결정해"라거나 "글쎄, 딱히 뭐라고 말하기가 그렇네", "요즘에 코로나19 때문에 뭘 해도 힘들다더라", "잘 알아보고 해"라는 식이었다.

어쩌면 나라도 그렇게 얘기했을 수도 있었다. 더욱이 나처럼 타인이 무엇을 시작하든 말든 관심을 두지 않고 오직 흔들리지 않고 나만의 길만 가려고 하는 나는 더욱 무관심했을지도 모른다. 하지만 그런 대화를 뒤로 놓고 내가 한 질문이 돌고 돌아서 결국은 항상 결론을 내려야 하는 것은 나의 몫이었다. 그러니 굳이 돌고 돌면서 시간을 낭비할 필요가 없고 에너지를 상실할 필요가 없다. 모든 문제의 답은 내 안에 존재하고 그 안에 있는 답은 자신과 대화하면서 하나씩, 찾아가면 되니까. 더욱 나 자신의 삶에서 주인공은 내가 되어야지 타인이 말이 되어서는 안 된다.

럭키의 방향으로 체인지 하라

생각을 바꾸는 전환점
......

우리는 늘 "힘들다"라고 말하면서 정작 그 앞에 '무엇 때문에?'라는 것이 부사인 의문사가 빠져 있다. 어디까지가 힘든 상황이고 어디까지가 내가 견딜 만한 상황이고 어디까지가 즐거운 상황인지 아마도 체크하지 않은 사람이 대부분일 것이다. 힘든 상황이 나로부터 시작되었는지 아니면 타인이 주는 것인지도 명확하게 알아야 한다.

힘든 상황을 남이 주는 것이면 그 사람과는 거리를 둬야 한다. 하지만 나로부터 시작된 것이라면 그 원인을 알아야 한다. 병도 무슨 병인지 알아야 고치듯 말이다. 그런데 실패했다고 말하면서 정작 무엇 때문인지 원인을 모르는 경우가 많다. 예를 들어 음식점을 하다가 손님이 없어서 망했다고 하자. 그렇다면 다른 가게는 왜 손님이 많은지, 우리 가게에 손님이 오지 않는 문제점이 무엇인지를 알아야 한다는 것이다. 〈백종원의 골목식당〉이나 〈서민갑부〉를 보면 부자가 된 이유는 다 따로 있다. 그 사람들은 처음부터 부자였던 것이 아니라 독하게 문제점을 찾았기 때문이다. 레시피 하나를 연구하기 위해 수많은 시간을 투자하고 그만큼 많은 것을 포기해야만 했을 것이다.

'장사의 신' 은현장 대표 역시 그냥 하루아침에 뚝딱 성공한 것은 아니다. 모든 것은 '무엇 때문에? 왜 안 될까?'에서부터 시작되었다고 한다. 나 역시 처음에는 커피숍에 손님이 없을 때 코로나19 때문에 다들 장사가 되지 않는다고 하니 그것이 당연하다고 받아들였다. 하지만 똑같은 상황임에도 불구하고 성황을 이룬 가게들은 존재했다. 나는 '무엇 때문에?'라 묻지 않고 '그렇구나'라고 받아들였으니 문을 닫을 상황이 온 것은 지극히 당연한 것이었다.

무슨 일이든 일이 발생했을 때 '무엇 때문에?', '왜?'라는 단어를 떠올려라. 그것은 생각을 바꾸는 전환점이 되며, 또 다른 길을 여는 시초가 된다.

자신을 럭키의 방향으로, 나를 응원해 주는 사람들로 체인지 하라
······

길을 모르겠다면 무조건 럭키 씽킹의 방향으로 가라. 긍정적인 생각이 주는 힘은 의외로 강하면서도 마음을 편안하게 해준다. '사는 게 힘들다' 대신 '오늘은 사는 게 재미있었네'라는 것으로, 불평불만보다는 모든 것에 감사함으로 하루를 마무리하자. 앞으로 더 나아가기 위한 삶의 그래프를 그리면서 현재의 삶에 만족하고 감사하라. 미래에 대해 긍정적으로 생각하자. 좋은 것들만 상상하고 시각화하자. 자신이 가장 즐거웠던 시간을 떠올리자.

실패라는 것이 나에게는 생각을 전환하는 하나의 전환점이 되었고 부정적인 삶에서 긍정적인 삶으로 갈아탔으며 나를 비난하는 사람 아닌 나를 응원해 주는 사람으로 바꾸기 시작했다. 사람은 완벽한 사람이 없다. 누구나 실수를 하고, 잘못을 하며, 그 속에서 배워가는 것이다. 이상하게 사람들은 좋은 얘기는 거의 꺼내지 않는 반면에 비난하라면 신나서 얘기를 했다. 어떤 사람은 나에게 남의 가슴 아픈 얘기를 신나서 전화를 하는 경우도 종종 있었다. 그때마다 나는 "저는 다른 사람의 얘기를 나에게 전달하는 것을 좋아하지 않습니다. 그리고 욕하는 것은 더욱요"라고 한다.

A와 B 그리고 나, 우리 셋은 친구였다. B는 성격이 매우 날카롭고 앙칼진 면이 있다. 그런데 자주 대화 중에 나를 이상한 사람으로 몰고 간 적이 있기에 나는 B를 차단했다. 그런데 A와 B가 얘기를 나누다가 우연히 나에 대한 얘기가 오고 갔다고 했다. B의 이야기를 듣던 A는 화가 나서 B에게 한마디 했다고 한다. "걔가 너하고 연락 안 하는 이유가 네가 지금처럼 하는 말 때문이야. 나도 네 말을 들으면 이렇게 말하면 화가 나는데 걔는 오죽하겠니? 난 걔만큼 열심히 살고 정확하게 사는 사람을 보지 못했어. 너는 걔처럼 아침 일찍 일어나서 운동하라면 하니? 다이어트약 먹지 말고 아침 일어나서 운동이나 하지 그래? 남 비난할 궁리만 하지 말고."

보다시피 A는 나를 응원해 주는 사람이고 B는 나를 비난하는 사람이다. 어느 쪽 말이 더 기분이 좋은가를 상상해 보라. 나를 비난하는 사람의 말을 들으면 기분은 나빠지고 나를 응원하고 내 편이 되어주는 사람은 나에게 힘이 되는 존재였다. 말에는 그렇게 에너지를 주고 뺏는 힘이 있다. 그러니 굳이 자신을 비난하는 사람과 어울려 아까운 인생을 불행으로 몰고 가지 말고 나를 응원하는 사람들로 주변을 보호해 자신을 럭키의 방향으로 안내하라.

최고의 삶으로 변화하고 싶다면 반드시 해야 할 체인지, '럭키 씽킹'
......

럭키의 방향이 안내하는 곳은 최고의 삶으로 변화를 시켜줄 그곳이다. 이정표를 따라서 가라. 그 이정표는 책을 읽고 나만의 시스템으로 만들어줄 좋은 생각이다.

럭키 씽킹으로 바꾸면 달라지는 여섯 가지가 있다. 첫째, 아무거나 생각하는 것이 아니라 꼭 필요한 것만 생각한다. 필요한 생각만 하기에 불필요한 잡념이 없으므로 저장공간 여유가 생긴다. 둘째, 무엇이든 할 수 있다는 자신감이 생겨나며 도전할 의욕도 함께 생긴다. 셋째, 무슨 문제든 간단하게 해결하게 되는 자신을 발견한다. 넷째, 행운을 맞이할 준비를 하고 있으며 기분이 좋아진다. 다섯째, 잡념으로 어지러웠던 먼지를 다 털어낸 것처럼 머릿속이 맑아진다. 여섯째, 럭키 씽킹은 긍정 마인드로 좋은 에너지만을 발사해 언제나 나를 자신 있게 만들고 자존감을 회복시킨다.

아래 65세에 최고의 삶을 변화시킨 할랜드 샌더스의 삶을 바꾼 사연을 잠깐 읽어보자.

> 1940년대 미국 켄터키주(州)에 65세 남성이 살고 있었다. 그는 초라한 집에서 낡은 고물차를 몰며 사회보장연금으로 생계를 유지하고 있었다.
> 그러던 어느 날, 남자는 그런 모습으로 생을 마감해서는 안 되겠다고 생각했다. 인생에 변화를 줘야겠다고 결심했다. 그래서 자신이 잘할 수 있으면서, 다른 사람도 혜택을 볼 수 있는 일이 무엇일까 궁리했다.
> — 윤희영, "65세에 시작한 세계적 프랜차이즈 KFC 창업자 할랜드 샌더스",
> 〈조선일보〉, 2022. 7. 15.

할랜드 샌더스는 65세에 생각을 바꿨고 결국 생각을 달리하면서부터 전 세계 유명 브랜드인 KFC가 탄생했다. 나 역시 마찬가지였다. 나는 그냥 이렇게 평범하게 살기 싫었다. 이렇게 돈에 얽매여 일의 노예로 살고 싶은 생각이 없었다. 이젠 내 인생의 자유를 얻어야겠다고 단호히 결심했다. 이 결심은 일하시다가 돌아가신 아버지를 보면서 더욱 단단해졌다.

나의 아버지는 한평생 일만 하셨다. 그렇게 집에서 쉬시라고 권유했지만 아버지는 아프신 몸을 이끌고 일하시다가 결국은 회사 계단에 쓰러져서 돌아가셨다. 사인(死因)은 심근경색이었다. 그때 나는 다시 한번 큰 충격을 받았다. 그리고 '돈의 노예, 일의 노예가 되지 말자. 나는 죽는 날까지 일이 아니라, 훨씬 그 이전에 나의 자유를 찾을 거야'라고 다짐했다. 그리고 아버지에게 취미생활을 하라고 적극적으로 권했다면 그런 일은 일어나지도 않았을 것이라며, 좀 더 일찍 이 위대한 비밀을 찾지 못해 스스로가 한심스럽기도 했다.

부자들은 이미 다 아는 이 비밀을 아버지는 왜 모르고 일만 하셨을까? 그 의구심이 나를 부자가 될 생각으로 안내했다. 지금의 나는 아버지와는 달리 나의 딸에게 부자가 되고 싶다면 부자의 생각이 담긴 책을 읽으라고 말하면서 독후감도 쓰라고 한다. 그러면서 한 번 더 강조했다.

"엄마가 조금 더 일찍 부에 대한 시크릿을 알아서 성공했다면 너희들은 지금 이 가난에 머물러 있지 않았을 거다. 이 가난은 가난을 당연하게 받아들인 엄마의 무지에서 비롯된 잘못이라 나의 선에서 끊고 너희들을 지켜야겠으니 조금만 더 힘내자!" 다행히도 딸은 나의 그 말에 잘 따라줬고 아직은 그 말을 이해하기엔 어린 아들 또한 매일 자신이 부자가 되겠다고 말한다. 아이들이 내 말과 생각에 동참을 해줘서 나는 참 고맙고 감사하게 생각한다.

체인지 씽킹, 그것도 럭키 씽킹으로 가보자. 자신을 최고로 변화시킬 수 있는 유일한 길이다. 이제부터는 당신 인생의 자유를 찾길 바란다. 그리고 내가 가장 좋아하는 일을 하면서 그 일을 취미 삼아 최고의 삶을 누리길 바란다.

원씽(One Thing), 오직 한 가지에 집중하는 힘

몰입을 위한 게으름
......

나는 바쁜 일상에서 벗어나 일주일에 두 번 정도 게으름을 피울 때가 있다. 그 시간에는 청소도, 운동도, 책도 읽지 않는다. 한마디로 내 몸을 움직이는 그 모든 것을 정지시킨다. 그 시간이 참 좋은 이유는 오직 한 가지 생각을 천천히 할 수 있어서다.

평소 나는 내 마음대로 시간을 쓸 수가 없다. 아침 5시부터 책 읽고 운동하고 출근한다. 퇴근 후에는 또 저녁 준비를 하고 청소하고 나면 저녁 8~9시가 된다. 그러면 잠자기 바쁘고 또다시 아침이 된다. 생각을 위해 시간을 투자한다는 것은 어림도 없는 일이다. 기껏해야 아침에 눈 뜬 후와 저녁잠을 청하기 한 시간 전, 어떨 때는 누우면 그냥 잠을 잘 때도 있으니 그 시간을 활용한다는 것은 거의 불가능한 상태라고 본다. 더욱이 두 아이를 키우면서 아이들과 놀아줄 시간조차도 빠듯한 나에게는 벅찬 일이다. 나는 평소에 '시간이 없다'라는 표현을 자주 쓴다. 친구들이 만나자고 해도, 그 어떤 일을 해도 "애들 키우느라 그럴 시간이 없다"라고 자주 말하고 있었다. 그 말은 내가 나만의 시간을 여유롭게 쓰지 못한다는 것이다.

나 스스로 그렇게 제약을 걸었으니, 그 조건을 해약할 수 있는 것도 언제나 나의 몫으로 남아 있다. 내가 나의 삶을 변화시키는 조건에는 내 시간을 그 어떠한 일에도 구애받지 않고 쓰고 싶은 조건도 포함되어 있다. 지금은 그 유일한 시간이 게으름을 피우는 시간이다. 그 시간은 오직 나에게 '몰입'을 위해 존재한다.

몰입은 나를 변화시키는 가장 좋은 순간이다
······

몰입을 어떻게 하는지는 서울대 황농문 교수의 《몰입》(알에이치 코리아, 2007)에 자세히 나와 있다.

> 최선의 연구 활동이란 무엇인지 오랫동안 고민해 오던 나는 '해결되지 않은 문제를 포기하지 않고 의식이 있는 한 풀릴 때까지 계속해서 생각하는 것'이라는 나름의 결론을 얻어 연구에 매진하고 있었다.

내가 처음으로 몰입하기 시작한 것은 2018년 사업 실패의 원인을 찾기 위해서였다. 책을 읽음과 동시에 천천히 문제점을 찾기 위해 생각을 거듭했다. 당시에는 내가 지금보다 더 나은 삶을 살 것인지 아니면 그냥 이대로 주저앉아 있을 것인지 인생이 걸린 문제였다. 오직 그 해답을 찾아야만 내가 성공할 거라는 확신이 들었다. 그 해답이 실패한 나를 일으켜 세워 줄 거라는 오직 그 생각, 그 일념 하나뿐이었다.

그러다 정신을 차리고 보니 내 방에는 실패에 대한 답을 얻기 위해 수많은 책들과 메모들과 프린트한 내용들이 가득했음을 발견했다. 나중에 알고 보니 그것이 바로 몰입이었다. 그렇게 투자한 시간은 결코 헛수고로 끝나지 않았다. 그 답을 찾은 후 내 얼굴에는 승리의 미소가 가득했다. 그리고 나서 나는 며칠 밤을 아무것도 하지 않고 내내 먹고 자고 또 먹고 자기만 했다.

내가 컴퓨터를 시작한 것은 도스(DOS) 명령어를 입력할 때부터였다. 한참 컴퓨터에 빠졌던 나는 홈페이지 제작 프로그램은 물론 플래시(Flash) 같은 프로그램 다루기부터 해킹 기술 배우기까지 넘어갔다. 그때 당시 컴퓨터를 그 정도로 하는 여성은 많지 않았다. 나는 컴퓨터 해킹을 배우면서 많은 시간을 뜬 눈으로 밤을 새웠다. 어떨 때에는 이틀 동안 잠을 자지 않고 밤낮으로 딱 그 한 가지에만 틀린 문제의 답을 찾을 때까지 몰두했었다.

그리고 보니 나는 오직 한 가지 문제로 꼭 알아야 할 문제가 있다면 몰입을 했었다. 어쩌면 그 몰입된 생각들이 스스로를 바꾸는 경험이 되었기 때문에 지금도 나는 문제점을 해결하기 위한 최선의 선택으로 몰입에 돌입한다. 항상 나는 이 방법으로 조금씩이라도 변화하는 나를 찾아냈다. 나는 지금 불황이라고 말하는 이 중요한 시점에서도, 꼭 해결해야 하는 문제가 발생했을 때에도 가장 천천히 생각을 하며 가상 깊이 있게 생각을 정리한다.

가장 천천히 하는 생각의 결과에 나는 만족한다
......

생각을 하기 위해서는 가끔은 게으름도 필요하다. 나는 게으름을 피우는 시간에는 주로 드라마나 영화를 보거나 침대에서 뒹굴뒹굴하면서 핸드폰을 보거나 잠을 잔다. 잠을 잔다는 표현보다는 몸을 쉰다는 표현이 더 적절할 것이다. 그러다 보면 문득 떠오르는 생각들이 있다. 그 순간을 나는 메모한다.

《몰입》에는 "뉴턴은 만유인력의 법칙을 어떻게 발견했느냐는 질문에 '내내 그 생각만 하고 있었으니까'라고 간단하게 대답했다고 한다"(22쪽)라는 글이 나온다. 나 역시 생각할 때에는 오직 한 가지 문제에만 몰입한다. 내가 실패라는 문제를 해결하기 위해 쓴 시간은 6개월~1년 정도다. 그러면서 알게 된 한 가지는 천천히 생각하자는 것이며 생각을 할 때에는 온몸의 힘을 빼고 긴장을 풀자는 것이다.

수영을 잘하는 사람들은 온몸의 힘을 빼고 한다. 나는 생각하기 위해서도 온몸의 힘과 긴장을 빼라고 말하고 싶다. 온몸을 움직이면서 생각한다는 것은 생각하기 자체를 방해하기 때문이다. 요즘은 많이 하는 명상도 어쩌면 그 이치 때문이라고 나는 생각한다. 그 이치를 알기 위해 책을 읽고, 생각이 왜 필요한지, 성공한 사람들의 생각은 과연 나와는 어떤 차이가 있는지 그 차이를 알기 위해 나는 책을 읽고 또 읽는다.

지금도 내가 매일 책을 읽는 이유는 나에게 부딪힌 문제의 해결을 위한 명확한 답을 얻기 위해서고 차이 나는 생각은 어떤 생각인지 알기 위해서다. 몸은 쉬고 있으나 뇌는 계속 나의 삶을 변화시키기 위해 생각을 한다.

한 가지 일에 집중하는 그것이 잠재력
······

내가 한 가지 일에만 집중함을 통해 얻게 되는 것은 바로 가장 근본적인 문제를 해결했을 때 찾아오는 희열이다. 작은 문제라도 그 문제의 답을 얻고 나면, 그 후에는 안도감과 행복감이 겹쳐서 찾아온다. 그래서 몰입하는 순간이 나에게는 최고의 잠재력을 이끌어주는 순간이기도 하다. 그것이 내가 여러 가지 생각을 하지 않고 단 한 가지 문제에만 집중하는 이유다. 한꺼번에 하는 여러 가지 생각은 오히려 머리만 복잡하게 만들 뿐 가장 근본적인 문제 해결에 도움이 되지 않기 때문이다.

생각할 것이 있다면 오직 한 가지에만 집중하라. 그 한 가지가 그다음의 문제를 이어준다. 그것을 4단계로 간단히 정리하면 이렇다. 첫 번째는 오직 한 가지 문제만 고르고, 두 번째는 집중하기, 세 번째는 몰입하고 네 번째는 천천히 생각하기다.

한 가지 문제를 골라 집중하다 보면 몰입이 된다. 몰입한 후에는 성급하게 답을 내리는 것이 아니라 천천히 또 생각하고 생각하라는 것이다. 한 가지 문제로 만 가지 답을 내놓아도 상관없다. 그중에 어느 하나가 내가 찾는 답이 될 테니까 말이다.

하지만 처음 천천히 집중할 때에는 주변에 이 집중을 방해하는 모든 요소들을 차단하는 것이 좋다. 몰입에 익숙해지면 천천히 산책하거나 운동하거나 할 때에도 상관없지만 그것은 어디까지나 내몸에 익숙했을 때의 전제 조건이 붙는 일이다.

나는 한 가지 생각에만 집중하는 몰입이야말로 자신이 가진 능력을 발견하는 최고의 수단이라고 말하고 싶다. 내 안에 있는 잠재력을 깨워주는, 그래서 내 안에 풀지 못한 수수께끼 같은 문제의 답을 찾아주는 힘이라 감히 말하고 싶다.

자신의 온도에 맞는 생각만 하라

불필요한 생각을 거르기 위한 필터
. . . . . .

우리는 살면서 불필요한 생각을 스스로 걸러내는 연습을 해야 한다. 불필요한 생각은 정작 필요한 생각을 하지 못하게 막는 가림막 같은 존재다. 사소한 일도 누군가에게는 큰일이 되어 자신을 괴롭히기도 하며 큰일도 누군가에게는 대수롭지 않은 일로 가벼워지는 사람도 있다. 같은 일도 어떤 사람들은 유독 "넌 이래서 안 되는 거야", "○○는 성공했다는데 넌 왜 아직도 이 모양이지?"라며 타인과 비교하면서 자신을 마음을 학대하는 경우가 많다. 이렇게 우리는 일상에서 자신의 마음에 스크래치 같은 상처를 내는데도 왜 그 마음에서 벗어나지 못하고 계속 빠져들기만 할까?

"나도 내 마음 모르는데 네가 어떻게 내 마음을 알아?", "왜 나만 불행하지? 왜 나만 자꾸만 의욕이 없지?" 하며 자신을 부정하는 일이 자꾸만 반복되면 자기 스스로도 자신의 마음 상태를 믿지 못하며 깊은 회의와 우울한 감정에 빠지는 일이 빈번하게 생긴다. 그러면서 자신이 가진 좋은 에너지마저 쓸데없는 곳에 몽땅 소모한다. 희망적인 다른 곳에 쓸 여력조차 없이 말이다. 이것이 '번아웃(Burnout)'이다.

번아웃은 '어떠한 활동이 끝난 후 심신이 지친 상태. 과도한 훈련에 의하거나 경기가 원하는 대로 풀리지 않아 쌓인 스트레스를 해결하지 못해 심리적·생리적으로 지친 상태'를 뜻한다(국립국어원 우리말샘 참조). 얼마 전까지만 해도 나는 번아웃에서 벗어나지 못했다. 나 역시 타인과 나를 비교하면서 일상에서 지쳐버린 나를 나마저도 믿지 못하고 기다려 주지 못하고 탓하고 미워했다. 우리는 이런 번아웃에서 벗어나야 한다.

번아웃에서 벗어나기 위해서는 네 가지 방법이 있다. 첫 번째는 나만의 휴식시간이다. 아무에게도 방해받지 말고 온전한 나의 휴식시간을 써라. 두 번째는 스마트폰 보는 습관을 나에게 맞는 다른 습관으로 바꿔라. 세 번째는 자신이 스트레스 받는 장소나 인간관계를 피하는 것이다. 네 번째는 불필요한 생각을 걸러라. 자기 자신이 행복해지기 위해서는 유해 물질을 거르듯이 불필요한 생각을 걸러내야 필요한 생각을 할 공간이 생긴다. 불필요한 생각들은 번아웃뿐만 아니라 무기력하게 만들며 그 무기력함이 아무것도 도전하지 못하게 방해하는 역할을 하게 된다.

딱 필요한 생각만 하면 좋은 점
······

삶에서 필요한 생각은 나의 삶은 윤택하게 해준다. 요즘은 지하철이나 길거리나 음식점에서 보면 스마트폰을 손에 꼭 들고 있는 사람이 너무 많다. 만화를 보는 사람, 게임을 하는 사람, 유튜브 영상을 보는 사람, 간혹은 전자책을 보는 사람도 있었다. 나만의 시간이 어디 존재하는가? 언제 휴식을 하는가? 하루 종일 스마트폰을 보는 것도 모자라 잠자리까지 이어지는 것이 대부분이다.

우리는 스마트폰을 통해 너무나 많은 정보를 무의식적으로 입력한다. 거기에는 필요한 정보도 불필요한 정보도 다 포함된다. 그러니 불필요한 것들은 보지도 말고 듣지도 말자. 필요한 것만 보기에도 우리에게 주어진 하루는 24시간뿐이라서 너무 짧다.

서울연구원이 청년 5000명을 조사한 결과에 따르면, 서울 청년 3명 중 1명은 우울 증상이 의심되는 상태이며, 지난 1년간 진지하게 극단적 선택을 생각해 본 적이 있는 청년도 15%에 달하는 것으로 나타났다. 서울연구원은 이 결과의 원인으로 '경제적 상황'을 꼽았으며, 특히 우리 사회가 노력에 따라 공정한 대가를 제공한다는 데 62%가량이 동의하지 않는다는 점을 꼽았다(박제완, "서울 청년 3명 중 1명은 '우울'", 〈매일경제〉, 2023. 1. 11.).

이 발표를 보고 나는 불안과 걱정, 우울이 동반된 결과라고 생각했다. 딱 필요한 생각만 하면 불안할 일도 걱정할 일도 우울할 일도 없다. 나 자신에게 맞는 필요한 생각을 정리하자. 그것이 가장 첫 번째 해야 할 일이다. 지금 자신의 상태를 파악해 거기에 맞는 생각들을 정리해서 다시 입력해야 그 모든 상황을 극복해 나갈 수 있다.

두 번째는 면역력을 키우는 일이다. 고대 그리스 시기에 활동했던 의사인 히포크라테스는 '면역력'의 중요성을 강조하면서 수면과 각성이 모두 적절하게 이루어지지 않을 때 질병을 일으킨다고 했다. 면역력을 높이면 자신감 또한 충만해진다.

면역력을 높이는 방법 중 한 가지가 자신의 마음 상태를 돌아보는 일이다. 20만 명 이상을 대상으로 한 연구에 따르면 긍정적 사고는 사망 위험을 14% 낮췄고, 심혈관계 질환 위험을 35%나 낮추는 효과가 있었다고 한다(박경우, "긍정적 생각이 사망·심혈관계 위험 낮춘다", 〈매일경제〉, 2023. 1. 15.). 자신의 마음을 돌아보고 지금의 내 마음이 우울한 상태라면 적극적으로 자신한테 긍정을 심어주자.

자신의 온도에 맞는 생각 추출법
······

긍정적 생각의 정원은 넓고 아늑하지만 부정적 생각의 정원은 갈수록 비집고 들어갈 틈조차 없이 좁은 통로다. 생각의 정원을 가꾸자. 가꾸면 가꿀수록 생각이 예뻐지고 웃음과 행복 바이러스로 인해 자신에게 활력소가 찾아온다. 자신이 하는 일에 희망과 목표 달성이라는 더 좋은 결과가 나타나기를 바라는 마음이 어디 나쁜 이겠는가? 누구나 다들 행복하고 자유롭고 성공하고 싶은 마음이

드는 것은 어쩌면 당연한 얘기다. 단지 삶이 그렇지 못하기 때문에 생각이 많아지고 걱정이 많아질 뿐이다. 걱정과 불안 대신에 희망과 행복을 대신할 다섯 가지 해결책을 제안하고자 한다.

- 자신을 알아가기. 정말 자신이 원하는 것이 무엇인지를 알아가는 것이 중요하다.
- 긍정적인 사람들과 어울리면서 언어 중에 괜찮은 말이 있으면 무작정 따라 하기
- 자신이 좋아하는, 잘하는 것을 어필하기
- 현실에서 실천 가능한 작은 목표를 세우고 달성하기
- 자신을 재촉하지 말고 기다려주는 연습하기(충분히 넉넉한 시간을 주기)

다섯 가지 해결책이 있긴 하나 그렇다고 자신을 너무 재촉하지 말고 다그치지도 말자. 그 순간 그동안 쌓아온 모든 것들이 와그르르 무너질 수 있으니. 공든 탑이 무너지랴는 말도 있지만 공든 탑도 어떻게 하느냐에 따라 무너지게 되어 있다. 하지만 단단하게 쌓은 내공이 담긴 탑은 쉽게 무너지지 않는다. 단단하게 하려면 반드시 시간이 필요한 법이다. 시멘트로 공사한 구조물이 굳는 데도 최소한 이틀 정도는 걸리지 않는가?

그리고 목표는 그 크기와는 상관없이 목표를 향해 가는 것만으로도 힘이 생긴다. 그러니 작은 목표라도 세워라. 그것이 하나의

희망이 되어 움직일 수 있는 힘을 줄 것이다. 목표를 실천하지 못했다고 "너 왜 이것도 못해" 하면서 혼내지 말자. "이번에 연습했으니 다음엔 더 잘할 수 있어" 자신을 믿고 기다려주는 연습, 그 또한 자신의 내공을 길러주는 일이다. 나는 빚을 갚을 때에도, 목표를 세울 때에도, 얼마 전에도 목표 달성을 위해서 나를 다그쳤다.

빚을 갚을 때의 일이다. 마음이 다급해진 나는 밤낮없이 일했다. 어떤 날은 이틀에 한 번씩 2~3시간 정도 쪽잠을 자면서 일했다. "빚을 지면서까지 실패를 한 나는 잠 잘 자격도, 쉴 자격도 없어" 하면서 나를 혹사시켰다. 그러자 시간이 갈수록 초췌해져갔고 그런 상태가 1년이 지나가자 허탈감에 빠진 나 자신을 발견했다. 살아야 한다는 의욕감마저도 상실했고 내 마음이 한없이 가라앉으면서 위축됨을 느꼈다. 그렇게 긴장된 상태에서 빚을 다 갚자, 몸살이 오기 시작했고 오슬오슬 온몸이 사시나무 추위에 떨 듯 떨렸다.

결국 나는 3개월 동안 아무 일도 못하고 몸을 추스르는 데 써야 했다. 잠이 부족한 데다 무리한 결과였다. 하지만 지금은 그때보다는 3배 정도로 훨씬 여유로운 생활을 하며 푹 쉬는 편이다. "괜찮아. 여기까지 한 것만으로도 충분해. 그리고 이제부터는 조금 느리게 가도 돼. 지금껏 열심히 달려온 너를 위한 보상이야." 그러자 마음이 한결 편안해짐을 느꼈다. 편안함을 주는 시간에, 그 시간에 즐겁게 사는 것을 잊지 말자. 행복은 행복하려고 노력하는 자에게 찾아온다.

4장

생각의 힘을 기르는
'생각 습관' 로드맵 7

로드맵1 Who
나는 누구인가를 정확히 알고 출발하라

나 자신을 아는 데에서 생각 습관이 달라진다
······

소크라테스의 '너 자신을 알라'는 고대 그리스 시대의 명언이다. 그렇게 오래된 말이 아직까지도 많은 사람들의 입에 오르내리는 것을 보면 나 자신을 아는 일이 예나 지금이나 얼마나 중요한 일인지 실감 난다. 나는 나 자신을 몰라도 너무 몰랐다. 내가 어떤 것을 좋아하고 싫어하는지, 어떤 특정한 상황에 잘 대처하지 못하며 그 이유는 무엇인지. 나 자신을 제대로 알려고 하기 전에 나 자신에게 실망부터 하곤 했다. 내가 무엇을 하고 싶은지조차 잘 몰랐고 정확한 목표 하나조차도 없었다.

나 스스로를 알아가기 위해 먼저 한 것은 내가 하고 싶은 일을 기록하는 것이었다. 실패에서 다시 일어서기 위해서는 내가 무엇을 하고 싶은지부터 알아야 했다. 나를 알아가는 것은 생각보다 간단했다. 내가 할 수 있는 것과 할 수 없는 것을 구분하고, 하고자 하는 일에 필요한 정보를 얻는 방식을 파악했다. 또한 내가 외부 요소에 의해 얼마나 많이 흔들리는지를 파악해야 했다.

모든 요소에 흔들리는 대로 가는 사람이라면 당분간 사람을 만나는 일은 자제하는 것이 좋다. 오롯이 나만의 생각에 집중하고 내가 원하는 것이 무엇인지에 초점을 맞춰야 한다. 그 누구한테도 묻지 말고 오직 나의 생각에 의존해야 한다. 흔들림 없이 갈 자신이 생기면 그때 다른 사람을 만나거나 피드백을 받는 것이 좋다. 대신 기억해야 할 것은 인생에 답은 없으며 나의 인생은 내가 결정해서 가는 것뿐이라는 사실이다.

나는 나의 인생에 대해 다음과 같이 물음을 던졌다. '나는 이제부터 어떻게 살 것인가?', '이제부터 무엇을 해야 할까?', '그동안 삶이 고통의 연속이었다면 이제는 행복의 연속으로 가야 하지 않겠는가?' 이렇게 질문 반, 목표 반을 나에게 제시했다.

상대방의 말을 무의식적으로 받는 습관에서 상대방의 말을 무의식에라도 침해받지 않기로 한 후부터 달라진 것이 있다면 말투와 습관이었다. 얼마 전 만난 지인이 나에게 "올 한 해는 너 잘될 거야"라고 말했는데, 나는 그 말을 이렇게 바꿔 말했다. "올 한 해가 아니라 나는 앞으로 쭉 잘될 거고 행복할 거야. 고생은 어제부로 끝났어."

예전에 나는 사람의 말에 "응, 알았어", "그래"라며 그냥 수긍하는 태도를 취했다. 하지만 지금 그 습관을 바꿔 내가 생각해뒀던 말을 꺼낸다. 상대의 말이 나에게 오는 길을 잠시 막고 나의 말로 나의 길을 더 멋지게 열어주는 것이다. 나와 생각이 달라도 그냥 수긍해 주는 태도에서, 아닌 것은 아니라고 말하는 것부터 시작하면 당당함이 찾아온다.

생각 습관을 바꾸었다면 목표를 향해 출발하라
······

내가 살아온 인생을 살펴보면 그중 70%는 후회로 가득 차 있다. 시시때때로 자주 흔들리고 혼란스러움을 겪었고 이런 나의 삶을 두고 감사하지 못했다. 타인에게는 감사하라고 말하면서, 정작 나는 성공하지 못한 나 자신의 삶을 부끄럽게 생각했다. 이제는 그런 모습 대신 생각 습관을 바꾸기로 했다.

목표를 향해 가야 하는 습관은 일단 생각을 바꾸고 나서부터 시작되어야 한다. 실패한 상황에서 기존의 생각 방식을 그대로 고집해서 시작한다면 똑같이 실패로 이어질 확률이 높다. 그러니 목표를 정하기 전에 생각을 바꿔야 한다. 생각 습관을 바꾸기 위해서는 먼저 후회했던 과거의 삶에서 벗어나야 한다. 그다음 타인의 원칙이 아닌 나의 원칙에 의해서 움직여야 한다. 마지막으로 작고 사소한 일일지라도 그 작은 행복에 감사하는 마음을 가져야 한다.

생각을 바꿨다면 그다음 목표를 정하는 순서로 가야 한다. 목표를 정하는 것은 그리 어렵지 않다. 지금의 목표에서 '언제까지'라는 정확한 데드라인만 추가로 설정하면 된다. (자세한 내용은 '로드맵 3

나의 어릴 적 신조는 '세상에 불가능이란 없다'였다. 그런데 서른 살이 넘으면서 나의 신조는 '정확한 목표만이 오직 성공하는 길이다'라고 바뀌기 시작했다. 하지만 나는 그 정확한 목표의 뜻을 잘 이해하지 못했다.

마흔이 넘은 지금은 '아주 구체적으로 데드라인까지 포함한 정확하고 확실한 목표만이 성공을 이끌어준다. 그리고 반드시 성공할 때까지 하라'라고 바꿨다. 목표를 실행시키기 위해서는 '성공할 수 있을까?'라는 생각은 금물이다. 어떻게든 가능하게, 성공할 수 있게 만들어야 하는 것이 목표의 실행력이다. 목표를 달성하는 방법에 대해 꾸준히 연구한다면 성공할 확률은 점점 더 높아진다.

나는 바다를 좋아한다. 거세찬 파도가 밀려오는 그 바다도 좋지만 잔잔하게 밀려오다가 사르르 뒤로 물러서는 듯한 그 느낌도 좋아한다. 내가 좋아하는 그 길을 항해하는 과정에는 거세찬 파도가 밀려올 수도 있지만 그렇다고 포기하지 말아라. 자신이 원하는 목표를 향해 망설이지 말고 출발하라. 어떻게든 항해하는 법을 배워서 나아가라. '총각네 야채가게'의 대표 이영석은 '즉시, 반드시, 될 때까지'를 강조한다. 그의 말을 빌려 '즉시, 반드시, 될 때까지 하라!'

자신을 잘 아는 것이 엄청난 성공이다
······

오늘도 내가 평소 하던 생각대로 살고 있는가? 새로운 도전을 할 생각은 있는가? 최소한 나를 아는 것은 이런 질문에 답을 하는 것이다. 더불어 나의 불행이 어디서 오는 것인지 그 이유라도 알 수 있다.

그 이유를 모르는 것은 단지 아직까지 자기 생각의 또 다른 한 면을 파헤칠 용기가 없어서다. 어쩌면 그것을 파헤치는 경로를 모를 수도 있다. 살면서 모르는 것이 많은 것은 당연하다. 삶이란 죽을 때까지 해야 하는 공부이기 때문이다. 다 배웠다 싶으면 또 다른 생각들이 찾아와 질문하며 그 답을 알아야 하니 끝이 없다. 나 역시 생각을 바꾼다는 것은 전혀 몰랐던 일이고 아직도 허우적거리는 것을 보면 여전히 배워야 할 것이 많음을 느낀다. 그래도 내가 알고 있는 선에서 자신을 아는 방법 다섯 가지를 소개하겠다.

첫 번째, 자신의 장점과 단점을 제대로 파악하라.

두 번째, 타인의 시선 따위에 신경 쓰고 있다면 그 의식에서 벗어나 자신감부터 키워라.

세 번째, 자신의 잘못된 생각을 알았다면 그 생각 습관을 바꿔라.

네 번째, 과거의 실패와 후회의 후유증에서 벗어나라. 집착하는 순간 앞으로 나아가는 발목이 잡힌다.

다섯 번째, 그 어떤 결정이든 자신의 결정을 믿고 노력하라.

오랫동안 나의 뇌에 굳어진 습관을 바꾸는 것은 자신과의 싸움에서 이기는 일인데, 이는 마치 단단한 쇳덩어리 숟가락을 손으로 구부리며 꺾으려고 하는 일처럼 어렵다. 그럼에도 불구하고 경제적 자유를 이루고 풍요롭게 살고 싶다면 반드시 거쳐야 할 관문이다. 그러니 정말 자신이 잘 하는 일인지, 자신감이 충만한 일인지부터 파악하라.

그 일에 대해 타인들은 어떻게 생각할지 걱정하고 있다면 다시 한 번 생각해 보라. 타인의 시선에 신경 쓴다는 것은 아직 나의 자신감이 부족해서 혹여 나를 잘못 보지 않을까 하는 노파심에서 일어나는 일이니 자신감부터 키우는 연습을 하라. 내가 잘하는 일을 할 때에는 밤을 새도 피곤한 줄 모르지만 내가 억지로 하는 일은 한 시간을 해도 지루하다. 지루한 시간의 농도를 체크하면 자신이 얼만큼 잘하고 좋아하는 일인지 금방 알 수 있다.

자기 스스로 알아가는 삶은 얼마나 훌륭하고 얼마나 아름다운가? 봄에 피는 꽃보다도 더 멋진, 삶의 값지고 다채로운 맛을 알게 되는 순간, 그 모든 것에 감사함을 알게 되는 순간에 행운은 우리에게로 다가와 손을 잡아줄 것이다. 그러니 자신을 잘 알아가자! 그것은 엄청난 성공의 시작점이 될 터이니.

로드맵 2 Why
'왜'에서 자신만의 길을 찾아라

왜라는 질문을 타인 아닌 나한테 하라
······

　"왜?"라는 질문을 타인 아닌 자신한테 해본 적이 있는가? 살면서 나는 나에게 질문을 해본 적이 단 한 번도 없었다. 하지만 실패를 경험한 이후 나는 나에게 수많은 질문을 했다.

　빚도 돈이고 현금도 돈이다. 하지만 둘의 출처와 속성은 완전히 다른 개념이고 다른 기분을 준다. '그건 왜일까? 나는 왜 돈을 모으는 대신 빚을 졌을까? 도대체 왜?' 그렇게 '왜?'라는 물음표에 꼬리표까지 달았다. 왜 나는 지금 이 혼란 속에서 벗어나고 있지 못하는가? 내가 이렇게 나한테 질문을 한 것은 빚을 졌기 때문에, 실패를 했기 때문에 이 사연을 아무한테도 알리고 싶지 않겠다는 심리 작용 때문이었다. 비난받을 것이라고 미리 예상했기 때문에 어디서부터 잘못되었을까를 의논할 사람도 없었다. 그래서 그 질문의 타깃이 내가 되었을 수도 있었다.

아무도 의지할 사람도, 의논할 친구마저도 없었던 나는 혼자만의 사색을 즐겼다. 거의 매일 불려 나가다시피 할 정도로 친구들이며 가족들이며 그 많던 사람은 어디로 가고 이렇게 외로울까 하는 질문에 《외로움의 수업》(생각정원, 2023)의 저자인 김민석 PD는 '지식인사이드'라는 유튜브 채널에서 이렇게 말한다.

> "외로움이 찾아왔을 때 그 외로움을 반겨주라는 거예요. 외로움이 나에게 찾아온 이유가 있어요. 내가 사는 게 힘들었기 때문입니다. 사람들을 만나서 자꾸 내가 상처받았기 때문에 그래서 거기서 혼자서 외로워진 거예요. 자, 이제는 내가 나 자신을 찾아온 겁니다. 나는 무엇을 할 때 즐거운 사람인가? 내가 좋아하는 일을 계속 반복해 봐요."

김민석 PD의 그 말이 나의 가슴에 확 와닿았다. 그래서 내가 그랬었구나, 내가 사람들로부터 너무나 많은 상처를 받았구나, 이제부터는 내가 해야 할 일들을 찾아야겠구나 하고 말이다. "쉰 살 되어 봐. 친구들이 1명도 없다. 이 나이에 무슨 일을 해야 될지도 모르겠고"라는 지인의 말이 떠올랐다. 나의 취미와 내가 해도 해도 질리지 않는, 늘 즐기면서 할 수 있는 나의 일을 찾아야 한다는 생각을 했다. 그래서 스스로에게 이런 질문을 했다.

"살면서 네가 가장 하고 싶은 일이 뭐였니?"

"이제부터 네가 가장 잘할 수 있는 일은 무엇일 것 같니?"

"그러면 어떻게 해야 하는지는 알고는 있니?"

"네가 왜 가난하게 살고 있는지는 알고 있니?"

"지금껏 열심히 산 것 빼고는 한 일이 있어?"

'왜'라는 질문에 답이 있다
......

그렇게 질문하자 '왜'가 대답을 해오기 시작했다.

"하고 싶은 일은 많았지. 단지 경제적 여유가 없으니 돈 벌면 하려고 미뤘을 뿐이지", "내가 잘하는 것은 많지. 음식도 잘하고 컴퓨터도 잘하고 글 쓰는 것도 좋아하잖아", "그러면 그 분야로 노력하면 되지 뭐 별거 있어?", "그러게 난 왜 가난한 것을 당연하게 받아들였을까? 부자들은 어떻게 부자가 되었을까", "열심히 살면 다 되는 거 아니었어? 다른 방법으로 살아야 했나?" 등등.

의외로 답은 간단했다. 이미 무의식은 다 알고 있는 것이었고 단지 시간적 여유, 경제적 여유가 없다는 이유로, 생활비를 벌어야 한다는 이유로, 모든 것을 묻어두고 있었던 것이었다. 나의 주변 사람들보다 나의 취미며 나의 성격이며 나 자신을 더 잘 알고 있는 것은 바로 나였다. 아무리 나를 잘 아는 사람이라도 이처럼 정확하게 답변해 줄 수는 없을 것이다.

그 이후로 나는 모든 것을 나 자신한테 질문했다. 그리고 그 속에는 항상 답이 묻어나왔다. 궁금한 모든 것을 물으면서 몽땅 끄집어내라. 무의식의 저장고에는 당신이 풀지 못했던 의외의 대답들로 가득 차 있으니 그것을 흔들어서 깨워라. 내가 나에게 답을 주지 않으면 나마저도 자신을 외면하는 것이다. 자신이 낸 질문으로 자신이 행복해지는 답을 찾아라. 내가 행복해야만 다른 사람도 뒤따른다. 사탕 한 알이라도 내게 없다면 나눠줄 수 없듯이 행복도 기쁨도 지식도 모두 마찬가지로 나눠줄 수가 없다.

모든 문제의 답은 바로 '왜?'라는 질문에 있었다. 그렇다면 이것을 목표에 적용해서 자신만의 길을 찾아보자. 그러면 그것을 성취할 가능성은 99.9% 확률로 말해줄 것이다. 묻고 또 물어라. 다른 사람들은 많이 물으면 귀찮아하면서 짜증을 내겠지만 자신이 스스로 자신에게 하는 질문은 물으면 물을수록 재미있어한다.

답을 찾기 위한 로드맵을 그려라
......

스스로에게 질문을 하기 위해서는 가장 먼저 '왜?'라는 생각의 로드맵을 그려야 한다. 나는 이를 '와이 생각 습관 로드맵'이라 부른다. 와이 생각 습관 로드맵은 과거 시작점부터 현재 지금 상황 그리고 향후 전략까지 포괄하는 모든 질문을 만들어서 답을 찾게 해주는 지도다. 그럼 그 지도를 어떻게, 어디에서부터 가야 할까?

다급해하지도 말고 뛰지도 말고 달리지도 말고 그냥 천천히 한 단계씩 질문을 하고 그에 대한 답변을 하면서 가라. 가다가 질문에 원하는 답을 찾지 못했다면 자기 계발책을 읽으면서 도움을 받아라. 그리고 무엇이 자신의 '왜'를 강화하는지를 생각해 보라. 그런

다음에는 갈수록 질문의 강도를 높여라. 그 질문의 강도로 향후 전략까지 포함하라. 보통의 향후 전략으로 우리는 경제적 자유를 꼽는다. 파이어족(FIRE, Financial Independence Retire Early: 경제적으로 자립해 조기에 직장을 은퇴하기를 희망하는 사람들)이라는 말도 있듯, 사람들의 향후 목표가 주로 돈으로 연결되어 있다는 것은 분명한 사실이다. 경제적 자유만이 자신의 시간을 마음껏 쓸 수 있다는 것을 아니까. 그래야 돈의 걱정과 불안에서 벗어난다는 것을 아니까.

　돈이 많은 것은 죄가 아니다. 오히려 가난한 것이 죄다. 사람들은 돈을 좋아하는 사람을 이상하게 생각하는 경우가 많다. 얼마 전, 어떤 사람이 나에게 무엇을 좋아하냐고 묻길래 나는 농담 반, 진담 반으로 "돈을 좋아합니다"라고 답했다. 그러자 자신은 돈을 좋아하는 사람을 싫어한다는 말이 돌아왔다. 그래서 나는 다시 물었다. "당신은 돈을 싫어합니까?" 그렇게 묻자 상대는 아무 말도 하지 않고 있었다. 돈을 좋아한다고 말하는 것은 수치스러운 일이 아니다. 오히려 돈 때문에 스트레스를 받으면서도 돈을 애기하면 속물 취급을 받을까 봐 망설이는 것이 오히려 더 수치스러운 일이라고 나는 생각한다. 그러니 반드시 그러라. '와이'라는 생각 습관 로드맵을 그리면서 경제적 자유를 이루는 그날까지 끊임없이 자신한테 의논하고 물으면서 가라.

로드맵 3 When 행동 출력 시스템 작동을 위한 기한을 설정하라

버스에도 목적지가 있듯이

......

버스는 목적지를 정해놓고 달린다. 각 지정 노선을 따라 정해진 시간에 정해진 목적지를 향해 간다. 만약에 목적지를 정해놓지 않고 달린다면 어떻게 될까? 우리가 여행할 때 일정을 짜놓고 가는 것과 일정을 짜지 않고 무작정 가는 것에는 엄청난 차이가 있다. 일정이 짜여 있지 않다면 여기부터 갈까 저기부터 갈까 하면서 지속적인 생각에 시간 낭비만 계속하게 될 것이다. 삶도 마찬가지다. 최종 목적지로 가는 길에 이정표를 달아놓는다면 가는 길은 쉽고 편해진다.

나는 이것을 '인생 로드맵'이라고 부른다. 로드맵은 우리 삶에 반드시 필요한 부분이다. 나에게는 하나의 로드맵에 4개의 목적지가 있는데, 바로 '최종 목표 - 연간 목표 - 월간 목표 - 일일 목표'다. 하루

가 모여서 한 달이 되고 한 달이 모여서 1년이 되고 한 해가 모여서 한 인간의 삶을 만들기 때문이다.

일일 목표는 매일 매 순간 자신에게 중요한 목표를 실행할 수 있도록 도와준다. 정확하고 분명하다면 그 삶이 바로 '지향적인 삶'이 된다. 일일 목표를 30일 동안 달성하고 나면 습관이 되며 월간 목표가 달성되는 것이다. 이처럼 최종 목표에서 연간 목표로 연간 목표에서 월간 목표로 작게 더 작게 분리하는 이유는 실행력이 가능함을 자신에게 알려주기 위함이며 그로 인해 성취감을 느끼게 해주기 위함이다.

커다란 산을 한꺼번에 올라가려고 하는 사람과 작은 산을 올라가고 또 조금 더 큰 산을 올라가는 사람을 상상해 보라. 커다란 산을 올라가려고 쳐다보는 순간 '과연 올라갈 수 있을까?' 하면서 아득함을 느끼지만 낮은 산을 보는 사람은 '한번 올라가보지 뭐' 하면서 쉽게 접근한다. '인생 로드맵'을 그리는 이유 또한 목표를 쪼개고 또 쪼개서 쉽게 가능한 선에서 그리고 더 멀리, 가장 정확하게 최종으로 가기 위함이다. 그러니 반드시 세분화해서 자신의 일정에 적용시켜라.

'언제'까지라는 데드라인을 설정하라

......

데드라인(Deadline)을 설정하는 이유는 '바로 즉시' 실행하라는 행동을 출력하기 위한 수단이다. 성공의 1단계는 목표 설정이다. 그 목표는 명확하고 정확하고 구체적이어야 한다. 목표를 명확하고 정확하게 세우는 것만으로 인생의 30%는 바뀌는 것이다. 최대의 성취욕을 이끌어내려면 목표를 세우는 원칙쯤은 반드시 알아둬야 한다. 그 네 가지 원칙은 다음과 같다.

자신이 진정으로 원하는 것과 즐기는 것을 적극적으로 찾는다

첫 번째 원칙은 말 그대로 자신이 무엇을 원하는지는 최소한 알고 이를 적극적으로 찾는 것이다. 예를 들어 경제적으로 성공하고 싶다면 최소한 자신이 얼마쯤 있어야 행복한지를 알아야 한다. 여행하기를 원하는지, 작가가 되기를 원하는지 아니면 자신의 특출한 재능으로 목표를 지향하고 싶은지 정확하게 알아야 한다.

지금 나의 상황에 적합한지 나에게 맞는지 확인한다

두 번째 원칙은 지금 나의 상황에 그 목표가 적합한지를 파악하고 자신의 현재 상황에 맞게 설정하는 일이다. 가게를 얻을 돈이 없다면 어떻게 얼마를 투자를 받을 것인지 아니면 벌어서 종잣돈을 모은 다음 할 것인지를 알아야 한다. 그리고 자신이 처한 상황에 '맞는 일'을 먼저 찾는 것이 무엇보다 현명한 일일 것이다. 나는 두 아이를 키우기 때문에 최소한 아이를 케어할 수 있는 상황에 맞춰서 모든 것을 설정했다.

목표는 열정적이고 도전할 만한 가치가 있어야 한다

쉽게 실행이 가능한 목표는 오히려 게으른 상황을 만들어줄 수 있다. 시작도 하기 전에 포기하고 싶은 생각이 든다면 그것은 역효과를 불러올 수 있다. 목표를 설정할 때 최대한 자신이 지금 여기에서 조금만 더 노력하면 이룰 수 있는 것으로 정한다. 그러면 쉽게 좌절할 일도, 쉽게 포기할 일도 없다. 목표는 달성하기 위해 세우는 것이며 그렇게 성공률이 높은 목표를 자신감 있게 해내는 것이 중요하다.

'언제까지'라는 데드라인을 정한다

네 번째 원칙은 데드라인을 정하는 것이다. 그리고 네 번째 원칙은 앞의 세 원칙을 포괄해 공통되게 적용되어야 하는 원칙이자, 인생의 로드맵에서도 공통되게 지켜져야 하는 원칙이다. 처음부터 '모든 목표'에 언제까지라는 데드라인을 설정하는 것이 좋다. 요즘은 내가 바쁜 일정으로 딸아이가 나 대신 유튜브를 편집하고 업로드 하는 일을 맡아서 한다. 나는 그런 딸아이에게도 '언제까지 해야 하는지' 데드라인을 정해준다. 게임을 하거나 만화를 그리면서 미루는 딸에게 나는 "즉시, 바로 하는 연습"이라는 말을 자주 한다. 이렇게 데드라인을 설정하는 이유는 그것을 설정함으로 인해서 지금부터 실행하기 위한 자신의 행동을 끄집어내기 위함이다.

목표를 설정할 때 모든 목표에 데드라인을 설정하는 연습을 하자. 예를 들어 집을 사는 것이 목표라면 '2025년까지 나는 방 3개가 있는 5억짜리 아파트를 사겠다'라는 식으로 말이다. "나는 아파트 사는 것이 목표야" 하면 그런 목표는 막연한 것이기에 해도 그만 안 해도 그만이 되어버린다. 우리가 업무를 지시받을 때, 혹은 업무를 지시 내릴 때 "오늘 저녁까지 해와", "3일 안에 해야 합니다" 하고 데드라인을 정하지 않는가? 아무 때나 해도 된다고 하면 "지금 당장 할까?" 하면서 시작할 사람은 0.003%에 그칠 것이다. 대개는 "내일 하지 뭐. 아무 때나 해도 된다잖아"라고 말하면서 미루는 것은 분명한 사실이다.

그러니 행동하고 싶다면, 당장 실행하고 싶다면 목표를 이루고 싶다면 목표를 위한 한계를 만들어야 하며 그 한계의 조건으로 반드시 데드라인을 설정해라. 그것이 실행력, 즉 행동으로 이어지는 지름길이다.

목표 공식에 대한 결론
······

나는 목표 공식에 대해 다음과 같이 결론을 내렸다. 목표의 공식은 데드라인에 의한 행동(Action)이며 그 행동은 바로 즉시 실행이 가능할 때 이루어진다. 그러니 미루지 말고 즉시 행동으로 실행하며 그 뒤에는 의지력(Willpower)으로 이어가라. 이 목표 공식에 필요한 요소는 대략 다섯 가지로 정리된다.

첫 번째, 목표에 세울 때 반드시 데드라인을 정하라.

두 번째, 목표를 이루면 내가 얻을 수 있는 행복과 이익에 대해 설명하라.

세 번째, 목표를 이루기 위해 꾸준히 노력하기 위한 행동을 하라.

네 번째, 반드시 성공할 때까지라는 꾸준한 열망으로 도전하라.

다섯 번째, 무조건 할 수 있다고 자신을 믿어라.

누구나 목표를 세울 수는 있으나 그 뒤에 행동하는 사람은 많지 않다. 새로운 도전이나, 자신이 이루고 싶은 소망을 빌기 위해 새해 첫날 그 추위에도 벌벌 떨며 해돋이를 보러 가거나, 심지어는 생일날 촛불을 빌면서까지도 소원을 빌지 않는가? 하지만 대부분 그것에만 그친다. 목표를 세웠다면, 소원을 빌었다면 그것을 성취하는 의지를 보여라. 그 의지를 최대한 끌어당기면, 그것이 습관화가 되고 습관이 되면 어떤 상황에서도 굴복하지 않고 꾸준하게 반드시 성공할 때까지 달성하려는 정신력을 피력하라.

무엇인가를 이루고자 할 때에는 세 가지가 따라온다. 먼저는 '이번에는 성공할 수 있을까?', '해도 정말 괜찮을까?' 하는 불안함이고 그다음은 '반드시 이뤄야 한다'는 강박감, 마지막으로 '잃었을 때' 오는 두려움이다. 이런 감정들이 찾아올 때는 이 목표를 달성해야 하는 이유를 자신에게 설명해 줘라. 그러면 반드시 이뤄야 하는 이유에 대해 다시 한번 수긍하게 될 것이다. 그리고 목표를 설정할 때 이룰 수 있는, 자신이 허락하는 선에서 목표를 설정하라. 이룰 수 없는 목표는 오히려 자신을 반신반의하면서 무의식에서 강한 거부 반응이 오며 또 하나는 이것을 과연 이룰 수 있을까 하는 생각에 자꾸만 지쳐가는 자신을 발견하게 될 것이다. 적어도 나는 그랬다.

너무 높은 목표를 설정했을 때 '반드시 이룰 거야'라는 생각 대신 '내가 해낼 수 있을까?'라는 생각이 들었지만, 한 단계 낮은 목표를 설정했을 때에는 '당연히 해야지', '이 정도쯤은 나의 힘으로도 충분히 가능해'라는 나를 발견했다. 그러니 자신이 할 수 있는 선에서 플러스로 한 단계에서 두 단계 정도 더 높은 목표를 설정하라.

무의식이 허락하는 선이 어느 선까지인지 잘 모르겠다면, '내가 지금보다 3배 정도 더 노력하면 지금 이 목표를 이룰 수 있는 것인가?' 하고 자신한테 질문해 보라. 이룰 수 있다는 대답이 나오면 그대로 설정하거나 한 단계 높여서 설정하면 된다. 이룰 수 없을 것 같다는 반응이 나오면 한 단계 낮은 목표를 설정하라. 그 목표를 이룬 다음 한 단계 업그레이드된, 지금 설정한 목표로 다시 설정하면 된다. 목표의 성취감을 작게라도 맛보라. 그러면 그 맛에 취해 계속 도전하려고 할 것이다.

로드맵 4 What
부의 길을 추적하기 위해 무엇을 할 것인가

빚이란 말 대신 다른 언어를 써라
······

빚은 동굴같이 암흑 같은 삶을 준다. 큰 빚을 진 사람들은 죽음을 떠올릴 정도로 막막한 비통함을 느낀다. 삶에 대한 얇은 희망마저 앗아가는 것이 바로 빚이다. 나는 내가 저지른 일에 대한 살벌한 대가가 바로 '빚'이라고 생각했다. 그러면서도 한편 다행인 것은 나와 나의 아이를 비롯해서 모두 건강하다는 사실이었다. 그것이 나에게 하나의 버팀목이 되어주었다.

돈을 잃으면 조금 잃는 것이요, 건강을 잃으면 전부를 잃는 것이라는 말이 있다. '그래도 건강하니까 이제 일어서서 빚을 갚으면 돼.' 그렇게 조금씩 빚을 갚기 시작했다. 어느 날, 사무실에서 다른 사람들끼리 주고받는 대화를 우연히 듣게 되었다. "나 빚 많이 졌어. 그래서 지금 돈이 없어." 그때 문득 나의 머릿속에서 번쩍하고 천둥번개 같은 것이 스쳐 지나갔다. '빚을 많이 져서 돈이 없다'의 반대말은 '돈이 많으면 빚은 없어지고 부자가 된다'구나!

돌이켜보니 나는 빚이라는 단어를 너무나 많이 듣고 있었다. 어떤 사람들은 집 산다고 대출받았다고 말하고 어떤 사람들은 가게 한다고 돈 빌렸다고 말하고 있었다. 나도 빚졌다고 아우성 쳤으니 이건 이 세상의 빚이란 빚은 통째로 끌어당기고 있었다. 그때 나는 나의 빚에 대해 노트에 이렇게 정리를 해놓았다.

"빚이라는 건 말이야, 나의 돈 공부가 잘못되었다는 것을 알려주는 신호야. 너 지금 돈을 대하는 방식이 틀렸으니 그 돈에 대한 태도와 방식을 바꿔봐."

이 문구를 쓰면서 나는 나에게 찾아온 빚을 고맙게 생각했다. 무슨 뚱딴지같은 소리냐고 하겠지만, 빚이 나에게 없었더라면 나는 돈이라는 개념을 이해하지 못했고 부자가 되기로 결심을 하지 못했으니 나의 결심을 확고하게 세워준 유일한 받침대가 아니겠는가?

미국의 심리학자인 앤젤라 더크워스가 개념화한 용어로, 성공과 성취를 끌어내는 데 결정적인 역할을 하는 투지 또는 용기를 뜻하는 사전적 의미로 그릿(GRIT)이라는 말이 있다. 나는 돈에 대한 모든 태도를 바꾸기로 결심했다. 빚이란 단어는 애당초 삭제했고 "오직, 현금만이 내가 살아갈 수 있는 길이다!"라며 나의 일상을 빛나게 해줄 현금 부자를 외쳤다.

그렇다고 나는 빚진 그때의 나의 삶을 탓하거나 원망하고 싶은 마음은 없다. 빚이 나에게 찾아온 이유가 있다면 돈 공부를, 경제

공부를 처음부터 다시 하라고 찾아온 이유일 테니 말이다. 어쩌면 신이 우리에게 고통을 준 것은 자신의 뜻을 어떤 방식으로든 잘 해독하기를 바라기 때문이 아닐까?

빚을 없애고 싶다면 신용카드부터 잘라라
......

내가 빚을 갚기 시작하면서 가장 먼저 한 일은 신용카드를 가위로 자르는 일이었다. 그 어떠한 일이 있어도 신용카드는 쓰지 않을 거라 다짐했다. 그 이유 중 가장 첫 번째는 신용카드란 바로 그 자리에서 쓸 수 있는 부채였다. 일시불은 결국 한 달 뒤에 갚아야 할 빚, 할부는 나누어서 갚아야 하는 부채였다. 두 번째는 빚을 갚으면서 쓰는 신용카드는 빚을 갚는 것이 아니라 또 다른 빚을 지는 길이기 때문이었다.

아는 지인에게 "나는 오늘부터 오직 현금만 쓸 거야"라고 했을 때 그는 이렇게 말했다. "난 신용카드 없으면 못살아. 신용카드는 나에게 나를 지탱하게 하는 힘이야. 나는 신용카드가 애인보다 더 좋아." 요즘 세상에 신용카드 없이 어떻게 생활을 유지하냐고 물을 수도 있겠지만, 최대한 아껴 쓰고 최대한 많은 시간을 활용해 일하는 방법밖에 없다. 나는 빚을 갚는 동안 그 흔한 짜장면도 아이들에게 먹이지 못했다. 나중에 빚을 다 갚고 이사를 하면서 아이들에게 "오늘 뭐 시켜먹을까?" 했을 때 큰딸 아이는 "짜장면이 먹고 싶어"라고 했다. "그럼 그동안 왜 먹고 싶다는 말 안 했어?" 하는 질문에 "엄마가 너무 힘들어 보여서"라고 했다. 큰 딸아이는 울고 나도 울었다.

　빚을 갚으면서 느낀 것은 '빚을 졌다', '빚이 많다'는 말을 쓰면 안 된다는 사실이었다. 돈을 많이 벌면 빚은 자동으로 없어지는 존재 였으니 목표는 빚을 갚는 것이 아니라 돈을 더 많이 버는 시스템을 갖추는 것이었다. 돈을 많이 번다는 생각은 희망이 조금이라도 묻어나왔지만 빚을 갚는다는 생각은 자꾸만 빚진 삶에서 벗어나지 못하는 허탈감에 빠져 돈을 버는 것조차도 의미 없이 느껴졌다. 결국 나는 '부'를 상상하기로 했다. 그것은 자꾸만 빚이란 단어에, 부채라는 단어에 빠져드는 나를 구할 수 있는 '부채구세론 법칙'이었다. 내가 부를 상상한 이유 몇 가지는 다음과 같다(괄호 안의 말은 과거의 내가 했던 부정적 표현들이다).

- "오늘도 내 지갑에 돈은 많이 들어왔다." (이렇게 벌어서 언제 빚을 다 갚지?)
- "나는 부자다. 돈이 많아서 행복하다." (난 왜 이렇게 가난하지?)
- "넌 지금도 충분히 잘하고 있어. 내가 널 응원해!" (이제 나 어떡해? 온통 실패투성이야.)
- "괜찮아. 내가 네 옆에서 지켜줄게." (나 괜찮지 않아. 이대로 있다가는 숨 막혀서 죽을 것 같아.)

　죽을 것 같지만 조금의 정신력만 있다면 어떻게든 감내하면서 살아내게 되어 있다. '이렇게 벌어서 언제 빚을 다 갚지'라는 표현 대신 '오늘 이렇게나 많이 돈을 벌었네'라고 하면, 빚을 갚을 수 있는 날이 그려질 것이고, '난 왜 이리 가난하지'라고 말하다 보면, 점점 더 자신이 가난하게 느껴지고 초라하게만 느껴질 것이다. 그러니 자신에게 부자라는 희망을 풍선처럼 불어서 넣어주어라. 그것이 한 김일지라도 한 김 한 김씩 불어넣다 보면 희망의 풍선은 부풀어 오르기 마련이고 그것은 최고의 힘이 되어 '부채를 구세해 줄 것'이다.

이렇게 '부채구세론 법칙'을 필요할 때 언제 어디서든 사용할 수 있게 반복하라. 이것을 일상에서 그대로 적용한다면 우리는 보다 평화로운 삶과 다채로운 에너지를 맛보게 될 것이다. 가장 첫 번째 에너지로는 마음안정이다. 두 번째로는 점점 더 행복해지는 삶이다. 그러니 무엇인가를 성취하고 싶다면 이 문구를 외워라. 불행이라는 곰팡이는 온몸에 독소처럼 금세 퍼지니 우선 자신의 불안한 생각을 잠재우는 원칙이 가장 중요하다.

반드시 경제에 관한 책을 읽고 부의 길을 추적하라
······

희망을 자신한테 주면서 한편으로 해야 할 일이 더 있다. 그것은 경제에 관한 책과 경제 뉴스를 보는 일이다. 우리 집에는 일요일을 제외한 매일 아침마다 〈매일경제〉와 〈동아일보〉가 배달되어 온다. 그리고 나는 거기서 필요한 정보를 수집해서 메모하고 또 아침 경제뉴스를 틈틈이 본다. 돈 공부, 경제 공부가 잘못되었으니 그 분야에 대해 다시 제대로 공부를 해야 하지 않겠는가?

그러면서 부의 길을 추적해라. 부의 길은 아주 먼 곳이 아니라 아주 가까운 나의 생각에 있다. 우선 부자가 되겠다고 결심을 하고 움직여라. 내가 아는 주변 사람들은 대부분 돈 문제로 고통을 받고 있었고 요즘은 뉴스도 경제 하락장이라고 떠들어댄다. 아침에 눈 뜨면서부터 시작해서 저녁까지 경제 하락 얘기로 이어진다. 돈은 살아감에 있어서 그만큼 중요하다.

성공의 가장 핵심적인 요소이자 바로 내 삶의 최종 목표 역시 경제적 자유다. 그동안 돈으로 인해 가난한 삶을 살았다면 이제는 풍요로운 삶을 살고 싶은 욕심이 솟구친다. 성공하기 위해서는 자신이 원하는 모습을 시각화하라는 말들을 많이 한다. 내가 가장 많이 한 것은 성공한 사람들의 지식을 참고해 나의 삶에 적용시키는 일이었다. 나의 시각화는 그렇게 시작되었고 미래의 모습을 상상했다.

자신이 대저택에서 사는 우아한 모습을 상상해 봐라. 얼마나 기분이 좋은지! 이처럼 어떤 상태의 자신이 되기를 원하는지를 자세히 그려보고 상상해 보자. 처음에는 상상이 잘 되지 않을 수도 있다. 상상하다가도 엉뚱한 데로 새어나가기도 한다. 하지만 그 또한 자주 하다 보면 익숙해진다. 시각화를 하라는 이유는 그 짜릿한 기분을 느끼라는 것이다. 현실에서 살고 있는 나와 가상현실에 살고 있는 자신을 비교해 보라. 어느 쪽이 자신을 더 기분 좋게 하는지? 그 좋은 기분형성을 이뤄내는 것이 무엇보다 중요하다. 그 기분에서 나의 에너지가 상승이 되고 동기부여가 되어야 그것을 달성하기 위해 고군분투할 테니 말이다. '상상화−기분 형성−동기부여−고군분투'로 프로세스를 정리해 볼 수 있겠다.

가장 중요한 것은 한 발자국씩 나아갈 때가 조금씩 더 좋아지는 삶을 살게 되는 것이다. 몇 년 전까지만 해도 빚 때문에 밤잠을 설치던 나와 지금은 그 터널에서 빠져나와 이 글을 쓰고 있는 나를 비교해 봐도 더 좋은 삶은 살고 있다고 자부하고 있지 않은가? 시각화, 상상화는 자신의 목표한 기분과 정신 상태를 모으기 위한 필수 조건이다. 간단히 말해서 나쁜 생각을 하는 것보다는 좋은 생각을 하는 편이 더 유리하기 때문이다. 어차피 이 생각, 저 생각으로 잠 못 이룬다면 앞으로 잘 살고 있는 나를 상상해 보는 것이 좋지 않은가? 오늘 한 생각은 곧 내일의 나를 만드는 것임을 명심하라.

"나는 도저히 못 해요. 아무리 상상하려고 해도 도저히 상상이 안 돼요"라는 사람이 있다면 그냥 경제에 관한 책을 읽고 자신이 정한 목표만이라도 달달 암기하라. 나는 A4용지 사이즈로 2023년 목표 달성 내용을 적어 핸드폰에 저장을 해놓고 틈 날 때마다 그것을 읽는다. 목표는 뇌에 서서히 입력이 되며 그렇게 최적화되는 순간에 아름다운 빛을 발사하게 될 테니까.

로드맵 5 Where
생각 습관은 도처에서 가능하다

생각 습관은 여기서부터 시작된다

......

나의 달라진 생각 습관은 실패에서부터 시작되었다. 나는 내가 실패한 모든 것을 기록했고 실패했던 모든 것을 정리했다. 나의 실패한 기록과 실패했던 모든 것을 정리한 내역을 3단계로 나누어서 서술해 보겠다.

첫 번째, 빚에 관한 돈 문제다. 실패가 어디서부터 오는지 그 루트를 찾아내는 일이었다.

두 번째, 인간관계 문제다. 배신과 더불어 실패한 삶을 비약하는 그리고 아무 말이나 내뱉는 사람들로 인해서 상처만 남은 것이 바로 인간관계다.

세 번째, 생각의 시크릿이다. 모든 부정적인 생각이 결국 실패라는 결론을 만들었다.

  그래서 다음과 같이 정리했다. 가장 먼저, 지금의 이 가난을 나의 선에서 끊고 나는 부자가 되기로 결심했다. 그런 다음 나에게 상처 준 인간관계는 모두 정리하기로 결심했다. 나는 이 실패라는 무거운 돌 하나를 지는 것마저도 벅찼는데 또 다른 무거운 돌을 더 지기엔 나의 힘으로는 역부족이었다. 나에게 온 문제를 하나씩 해결한 후 새로운 인간관계를 맺겠다고 다짐했다. 그리고 모든 부정을 긍정적인 생각으로 전환하기로 했다.

  이 3단계를 진행하면서 제일 힘들었던 부분은 자존심을 완전히 파괴시키는 언어를 서슴없이 하는 사람들이었다. 언젠가 내가 지인 S에게 "사람마다 상황이 다르니 말은 가려가면서 좀 합시다" 했더니 돌아오는 말은 "욕도 빼고 이런저런 말 다 가리면서 말할 것 같으면 할 말이 뭐가 있니?"라는 것이었다. 지금은 삭제되어 없지만 내 유튜브 영상에 이런 댓글도 있었다. "나보고 입을 다물고 살라는 소리군. 나에게는 해당이 되지 않네."

  욕을 빼고도, 나쁜 언어를 빼고도 국어 사전에는 수많은 단어들이 수록되어 있다. 실상은 그냥 자신의 현재 일상에서 발생한 일들을 시종일관 조리있고 정연하게 얘기해도 될 일이다. 핵심적인 얘기만 전달해도 충분히 가능한 일이며 적절한 표현을 써도 얼마든지 대화가 가능한 일들이다. 욕을 쓰지 않고도 작가들은 몇백 장 분량의 글들을 쓰고 있다.

2017년쯤에 나는 정신의학과를 방문한 적이 있었다. "지금 이 힘든 상황에서 제가 어떻게 하면 될까요?" 하고 물었을 때 그때 담당 의사가 했던 말이 떠오른다. "사람은 전혀 바뀌지 않습니다. 그 기준으로 자신의 길을 선택하시는 것이 바람직합니다."

S와 영상에 댓글을 단 두 사람을 통해 알게 된 것은 그때 정신과 의사가 내게 해준 말이 정확하게 맞는다는 것이었다. 단지 내가 알게 된 다른 사실이 있다면 사람들은 바뀌지 않는 것이 아니라 변화해야 한다는 것에 대해 관심이 없거니와 바꿀 의지가 없다는 것이다. 그냥 자신이 몸에 배어온 잘못된 습관조차도 그대로 고집할 뿐이라는 것이다.

전혀 대화가 통하지 않는 그들로부터 내가 제일 많이 생각했던 것은 그런 그들로부터 어떻게 나를 지켜낼 것인가 하는 생각이었다. 인간의 본능 속에는 아마도 자신을 해치려는 그 무엇인가로부터 자신을 보호하려는 보호막이 존재하는가 보다.

감정은 우리의 일상에서 참 많은 영향을 준다. 기분 나쁜 감정을 그대로 표출하면 그 결과는 피해로 이어지며 기분 좋은 감정은 유익한 결과를 가져다준다. 나는 나에게 상처주는 말을 하는 그들로 인해 나의 기분이 저하되고 흔들리도록 내버려두고 싶지 않았다. 그래서 나를 지키는 방식을 계속 연구하고 실행했다. 이처럼 더 이상 그들에게 자신의 시간과 아까운 감정을 낭비하지 말고 그들로 인해 불쾌한 감정의 노예로 폭락하지 말자.

생각 습관은 아무 때나, 아무 곳에서나 가능하다
......

최근 나는 큰 딸아이와 여덟 살이 되는 아들을 보면서 배운 것이 있다. 먼저는 아이는 부모를 따라 하면서 배운다는 것이고, 그다음은 아이는 본능적으로 자신이 유리한 쪽으로 택한다는 것이다.

《꿈의 해석》에서 프로이트는 이것을 '쾌락원칙'이라고 불렀다. 이것을 알게 된 것은, 매일 아침 나를 따라 '자기긍정 훈련법'을 연습을 했던 아이가 이제는 자기 혼자 스스로 자기긍정 훈련법을 하고 있다는 것을 발견한 후부터였다. 아이는 내가 컴퓨터를 할 때마다 나를 방해하지 않기 위해 조용히 자기 방에 가서 조용히 자기 핸드폰을 보거나 책을 읽고 있었다. 아침마다 받아쓰기 공부를 시키면서 학교 책 대신 자기 계발책의 제목을 읽게 하고 쓰게 한 결과였다. 웬만한 자기 계발서의 제목은 다 알고 있으며 이제는 자기 스스로 책을 들고 와서 제목을 읽는다.

큰아이는 내가 아닌 육아도우미 손에서 컸다. 내가 가게를 운영하면서 육아도우미를 고용했고 함께했던 시간이 별로 없었던 만큼 나에게서 배울 수 있었던 것은 딱 하나 "엄마가 밤낮으로 일하는 것처럼, 나도 크면 낮에는 영어를 가르치면서 일하고 밤에는 그림을 그리면서 돈을 벌 거야" 했던 말이 아직도 기억에 남아 있다.

그런 것을 보면 습관이란 긍정적이든 부정적이든 뇌가 자극을 받는 조건하에서 아무 곳에서도 가능한 것이라는 것이며 또 하나는 지속적인 반복으로 인해 잠재의식이라는 곳에 뿌리를 내리면서 그 습관은 무의식적으로 자동으로 저장된다는 것이다. 더 나아가서는 그것이 자신의 성격의 일부를 형성하며 자신의 삶을 지배한다는 것이다. 그 모든 생각과 그리고 무의식적으로 한 말들이 모여서 한 인간의 삶을 지배한다는 것은 역시 나의 두 아이들을 통해 알았다.

어느 날, 집에서 청소를 하고 있는데 느닷없이 아들이 "엄마, 왜 나는 구독자 수가 없어? 나는 왜 조회수가 하나도 없는 거야? 나도 채널 하나 만들어줘. 나도 10만 구독자 만들 거야"라고 말했다. 이게 갓 여덟 살짜리 아이의 입에서 나올 말인가 싶었다.

그때 나는 궁금한 뇌 연구소의 대표인 장동선이 했던 말 "내 아이의 뇌에 어떤 스토리를 심어줄 것인가?"가 다시끔 떠올랐다. 내 아들의 뇌는 그런 방식으로 배우고 있었고 내가 했던 말과 행동들이 나도 모르는 사이에 아이의 뇌에 한 치의 오차, 한 글자의 오차도 없이 입력되고 있었다.

그래서 나는 주변의 아이를 키우는 엄마들에게 이렇게 조언하고 싶다. "당신이라면, 어린아이들이 있는 당신이라면 당신은 아이의 생각이라는 밭에 어떤 생각의 씨앗을 심어줄 것인가요? 그 생각의 텃밭은 집에서도, 밖에서도 시간조차도 구애받지 않고 반복이라는 재생거름만 주면 무럭무럭 자라거든요."

도처의 법칙을 잘 이용하라
······

생각 습관을 제내로 잡기 위해서는 도처의 법칙을 잘 이용해야 한다. 도처(到處)의 사전적 의미는 이르는 곳, 즉 '여기저기'를 뜻한다. 도처의 법칙이란 여기저기서 반드시 지켜야 하는 규범이라는 뜻이다.

'도처의 법칙'이라는 말을 쓰고 보니 갑자기 K가 떠오른다. K는 술을 마시든 맑은 정신이지 간에 운전대만 잡으면 "저기 난간에 콱 박을까?"와 같은 소리를 주기적으로 해댔다. K의 그 말투는 이미 오래전부터 입에 밴 것 같았다. 나는 K에게 "말이 씨가 된다니 함부로 말하지 마"라고 했지만 그 사람은 그 말을 귓등으로도 듣지 않았다. 결국 K는 음주운전으로 6중 추돌사고를 냈고, 그 중 한 사람이 실명 상태가 되어 수감 생활을 할 수밖에 없었다. 무의식적으로 내뱉은 말은 결국 현실이 되어 돌아왔고 생각과 말이 그만큼 중요하다는 사실을 또 한 번 알게 해주는 하나의 사건이 되었다.

음주운전을 저지른 사람들은 다시는 안 할 것 같지만, 그렇지 않다. 음주운전은 한번 했던 사람들이 또다시 반복한다. 그러고 보니 이상한 법칙을 발견했다. 사업을 하던 사람이 실패를 해도 계속 사업을 하고 직장 생활도 하던 사람이 계속 직장 생활을 하는 경우가 더 많다는 것이다. 도박도 하던 사람이 계속 하며 음식점을 하던 사람은 계속 음식점만 고집하는 경우가 많다. 나 역시도 실패를 했지만 또다시 도전하고 있지 않은가? 이처럼 누구나 습관적인 행동이 도처에서 반복되어 나오기 때문에, 살면서 긍정적인 습관, 언어를 도처에서 반복해 학습하는 일이 무엇보다 중요해진다.

여기서 나는 도처의 법칙, 즉 이곳저곳에서 다 통용되는 핵심적인 네 가지를 전달하고자 한다.

첫 번째, 잘못된 습관은 무엇이 되었든 진심을 다해서 수정하려고 노력해야 한다는 것이다.

두 번째, 나쁜 습관에 길들여졌다면 변화하겠다고 반드시 마음을 굳게 먹어야 한다.

세 번째, 상대방의 말이 옳다고 판단될 때는 그 말을 내 다짐처럼 귀담아들어야 한다는 것이다.

네 번째, 어느 곳이든 어떤 상황이든 막론하고 자신이 지켜야 할 말과 행동이 존재한다는 것을 확신하는 것이다.

살면서 "말이 씨가 된다"라는 말을 자주 들었다. 그때는 '말이 무슨 씨가 돼?'라고 대수롭게 지나쳤지만 지금은 나의 생각은 180도 다르다. 자신이 한 말이 곧 그 사람임을 말하며 그것이 그 사람의 인생을 결정한다고 나는 믿는다. 어느 책에서 본 내용인데 지금도 한 번씩 생각이 난다. 한 아이의 엄마가 "너는 열여덟 살이 되기 전에 교도소에 갈 거야!"라며 호통을 치는 말을 자주 했는데, 결국 그 아이는 18세가 되던 해에 교도소에 갔다는 내용이었다.

좋은 말의 씨에 대해 하나 예를 들어보겠다. 세계적인 성공학 연구자인 나폴레온 힐의 새어머니는 유년 시절에 "너는 틀림없이 역사에 이름을 남길 위대한 작가가 될 것이다"라는 말을 그에게 했다고 한다. 나 또한 두 아이에게 "넌 두 가지 일을 다 잘 할 수 있을 거야"라고 말해준다. 새로 신발을 사도 나는 "이 신발은 너를 행복해지는 길로 안내할 거야"라는 표현을 쓴다. 그러니 최대한 좋은 말을 써서 좋은 인생의 결과를 맞이하자. 이것만이 내가 좋은 생각 습관을 도처에서 길들이는 최상의 방법이다.

로드맵 6 How
생각을 초이스(Choice) 하라

부정하는 생각을 아는 방법
······

"나는 뭘 해도 안 돼", "나에게는 그럴 여유가 없어", "나에게는 그럴 힘이 없어" 평소에 이런 말을 많이 하는가? 그렇다면 당신은 이미 부정으로 물들어 있다. 우리는 왜 부정적인 말들을 하면서도 자신이 부정적인 언어를 쓰고 있다는 사실을 모르고 있을까? 나 역시도 스스로 부정적인 생각을 하고 있다는 것을 알게 된 것은 몇 년 되지 않는다.

부정적인 생각이 사람을 얼마나 무기력하게 만드는지 아는가? 부정은 한 사람을 우울과 절망에 빠지게 하며 한 사람을 순식간에 나락으로 빠뜨리게 한다. 몇 년 전, 나는 지인에게 이렇게 말했다. "재산이 많은 한 여자가 있어. 남편이 사업을 하며 내조한 아내한테 감사한 마음으로 모든 부동산을 아내 명의로 해줬대." 그러자 그는 나에게 "그런 남자가 이 세상에 어디 있어? 없어"라고 단호하게 단정 지으면서 말했다. 이 세상에 아내 명의로 부동산을 사주는 남자가 없다는 생각은 결국 자신에게 그런 사람이 올 확률은 0%라고 확신한다는 말과 같다. 부정적인 생각이 긍정의 기운이 오는 길목을 막고 있기 때문이다.

요즘 집에서 일하면서부터 나는 아이들과 대화하는 시간이 많아졌다. 아니, 대화가 아니라 명령하는 시간이 많았다. "이거 하지 마", "저거 하지 마", "뛰어놀면 안 돼" 등등. 그렇게 아이들에게 죄다 안 된다는 부정의 말만 내뱉던 어느 날, 나의 모든 언어들을 분석해 보았다. '하지 마'는 아이들의 행동을 제한한다.

제한한다는 것은 무엇이든 못하게 막는다는 것이다. 우리는 아이들에게뿐만 아니라 자신에게도 "이렇게 하면 안 돼", "이건 안 되지", "내가 할 수 있는 일이 아니야", "난 못해" 하는 말들을 많이 쓴다. 나도 여전히 가끔씩 쓰고 있다는 사실을 발견하면서 '아차, 수정해야지' 하면서 다시 말하는 것을 반복한다. 일상에서 우리가 쓰는 부정의 언어는 의외로 많다. 공감하는가? 이렇게 흔히 쓰는 말들에 부정이 스며있다는 것을.

긍정적인 생각으로 바꿀 용기
......

지금 나는 그 부정적인 생각과 언어를 하나씩 발견하며 긍정적인 생각으로 교정하는 중에 있다. 딸 아이에게는 "너는 나보다 훨씬 더 잘될 거야"라는 말로 교정한다. 내가 외부 일을 마치고 집에 도착했을 때 이미 청소를 했거나 설거지를 했거나 하면 "오, 깨끗한데. 기분이 너무 좋아" 한다. 만약 아이들이 해야 할 일을 지적해야 하는 상황이라면 "아침에 일어나자마자 이불 개라고 했는데 왜 안 갰어?"라고 하는 것이 아니라 "일어났으면 이불을 개는 습관을 들이자" 하고 말이다.

또한 아이들에게는 해야 할 일과 습관을 덧붙여서 말해준다. "하지 마," "안 돼" 하는 것을 다른 방법으로 "이건 이렇게 해야지"로 바꾼다. 길을 가면서 우리는 흔히 이렇게 말한다. "야, 차 조심해!" 나는 그 말도 교정했다. "차를 비껴가는 연습을 하자. 차도 비껴가고 너도 비껴가고." 차를 조심하라는 말 뒤에는 "차 조심하지 않으면 차 사고나"라는 말이 붙어있지만, 차를 비껴서 가라는 말 뒤에는 말 그대로 "차를 비껴서 가야 차 사고가 나지 않는다"라는 뜻이 포함된다. 이처럼 우리는 자신의 생각을 부정에서 긍정으로 바꿀 용기를 가져야 한다.

바꾸지 않아도 사는데 지장없고 여태껏 잘 살아왔는데 귀찮게 뭐하러 바꾸냐고 하는 사람도 있을 것이다. 그러나 그렇게 말한다면 아무것도 할 이유가 없다. 무엇인가를 얻고자, 무엇인가를 행하고자 하는 무의식이 이 책을 펼치게 만들었을 테니까. 단지 바꾸려고 마음먹었다면 자신의 모든 말들을 자세히 관찰해야 하며 이를 두고 부끄러워하지 말아야 한다. 처음에는 습관이 되지 않아 입 밖으로 나오지 않는다면 머릿속으로 자꾸 생각하라. 반복해서 생각하면서 입 밖으로 내뱉는 습관을 들여야 한다. 이제 긍정과 부정의 힘을 알았다면, 그나마 이렇게라도 배웠다면 과감히 바꿀 용기를 가져야 한다. 바꾸지 않는다면 오히려 자신만 손해다. 손해 보는 인생을 살고 싶은 사람은 아마 아무도 없을 것이다. 우리가 바꾸지 말아야 할 이유가 없는 이유다.

긍정적인 생각으로 바꾸는 방법
......

긍정적인 생각보다 부정적인 생각이 더 많이 떠오르는 것은 기정사실이다. 그렇다면 우리는 이 부정적인 생각을 멈출 방법은 없는가? 있다. 부정적인 생각이 떠오를 때마다 긍정의 스위치를 켜라. 긍정의 스위치를 켜는 순간 부정은 도망간다. 어두운 방 안에 있다가 전등 스위치를 켜보라. 어둠은 사라진다. 긍정의 스위치는 쉽게 켤 수 있게 긍정의 문구를 메모했다가 눈에 띄기 쉬운 그곳에 스위치처럼 움직이지 않게 늘 같은 자리에 놓아라.

전등을 켤 때 우리의 몸은 반사적으로 스위치 있는 곳으로 간다. 이미 몸이 그곳에 익숙해진 결과다. 이처럼 문구를 작성했다면 한 곳에 움직이지 말고 그 자리에 두어라. 부정적인 생각이 떠오를 때 쉽게 찾아갈 수 있게끔 말이다.

긍정적인 생각, 자신의 목표를 잠재의식에 각인시키는 방법 세 가지를 소개하겠다. 먼저는 스노우폭스 회장인 김승호가 실천한 '100번씩 100일 동안 쓰고 상상하고 외치는 방법'이다.

그다음은 밥 프록터가 제시한 시크릿 '1,000번씩 90일간' 소리 내어 말하기다. 끌어당김의 법칙을 실제로 검증한 전설적인 자기 계발 구루인 밥 프록터가 무려 2년간 실천했다고 한다. 현재 나는 이 방법을 '100일 챌린지 40분 타이머로 소리 내어 말하기'로 바꿔 나에게 접목시켜 사용하고 있다.

마지막으로 맥스웰 몰츠가 연구한 '21일의 법칙'이다. 무슨 일이든 21일 동안 꾸준히 해서 나의 행동 습관을 들이는 것이다. 요즘 온라인에서도, 오프라인에서도 21일의 법칙을 많이 강조하고 있다. 나는 왜 21일이고 왜 100일을 정하는지 궁금했는데 그 해답을 최근에 찾았다.

'21일의 법칙'은 미국의 의사 맥스웰 몰츠가 1960년대 그의 저서 '성공의 법칙'에서 처음 주장한 내용이다. 성형외과 의사인 맥스웰은 사고로 사지를 잃은 사람이 잘린 팔과 다리에 심리적으로 적응하는 기간을 연구하다 21일의 법칙을 내 놓았다. 21일은 생각이 의심·고정관념을 담당하는 대뇌피질과 두려움·불안을 담당하는 대뇌변연계를 거쳐 습관을 관장하는 뇌간까지 가는데 걸리는 최소한의 시간이다. 21일의 법칙은 이후 많은 심리학자와 의학자의 연구를 통해 체계화됐다.

영국 런던대 필리파 랠리 교수팀도 "사람의 뇌는 충분히 반복돼 시냅스가 형성되지 않은 것에는 저항을 일으킨다. 아직 그 행동을 입력해 놓을 기억세포가 만들어지지 않았기 때문"이라며 "새로운 행동이 습관화되는 데는 최소 21일이 걸린다"고 주장했다. 이는 많은 심리학

치료에 적용돼 현재까지 이어오고 있다. 배재대 심리철학상담과 최애나 교수도 "실제 심리 치유 프로그램을 진행할 때도 한 단계당 3주 단위로 진행된다"고 설명했다.

그러나 3주는 뇌에 습관을 각인시키는 단계다. 이 습관을 완전히 몸에 배게 하려면 66일을 더 이어나가야 한다. 2009년 '유럽사회심리학저널'에서는 특정한 행동을 매일 같은 시간에 행동하도록 한 결과, 습관이 몸에 배기까지(그 행동을 하지 않았을 때 더욱 힘든 상황) 평균 기간은 12주였다. 새로운 습관을 완전히 자기 것으로 만들려면 총 3개월 정도가 걸린다는 얘기다.

– 배지영, "[건강한 당신] '21일 법칙' 지켜야 나쁜 습관 고친다",
〈중앙일보〉, 2017. 1. 12.

바로 이렇게까지 하는 이유는 최소한 21일까지는 습관을 들이기 위한 것이고 나머지 최소한 66일은 더 이어나가야 이 습관이 몸에 완전히 밴다는 사실을 알게 되었다. 뇌에 프로그래밍 되기까지의 시간, 자신이 원하는 새로운 것을 뇌에 각인시키기 위해 필요한 시간이 넉넉히 100일이라는 얘기다.

'100일 챌린지 40분 타이머로 소리 내어 말하기' 접목 효과
......

나는 2021년에 매일 100번씩, 100일간 실천해 보았다. 중요한 것은 2022년 이루고 싶었던 목표를 썼던 것을 이뤄냈다는 것이다.

현재는 밥 프록터가 제시한 '1,000번씩 90일간' 하는 것을 실천하고 있다. 처음에는 손가락으로 한 번, 두 번 세면서 말하다 보니 몇 개까지 세었는지 헷갈릴 때가 있었다. 그래서 가장 쉽게, 스트레스 받지 않고 하는 방법으로 '100일 챌린지 40분 타이머로 소리 내어 말하기' 수법을 쓴다.

짧은 한 문장 읽는데 걸리는 시간을 타이머로 재보니 2초 정도 걸렸다. 10번이면 20초, 30번이면 1분 정도 걸릴 것이라 생각하고, 넉넉하게 40분 타이머로 세팅해 놓고 타이머가 울릴 때까지 세지 않고 반복해서 말하고 있다. 그리고 100일 챌린지 캘린더란에 체크하면 며칠 동안 했는지, 몇 번 정도 했는지 그 부분에 신경 쓸 일도 없다. 이 두 가지를 실천해 본 결과 100번씩 100일간 쓰는 것보다 1,000번씩 말하는 것은 내게 더 유리하다는 판단이 들었다.

첫 번째는 정확하게 말하는 습관을 들일 수 있다. 두 번째는 일어서서 스트레칭하면서도 가볍게 할 수 있다는 점이다. 100번씩 100일간 쓰다가 손목이 아플 때는 손목 부분을 툭툭 털면서 쉬다가 쓰던가 어떤 날은 쉴 수밖에 없었지만 1,000번씩 말하는 것은 무난하게 할 수 있게 되었다.

운동이나 스피치 대신 연습을 한다고 생각하면 인간관계에서도 습관적으로 자신이 전달하고자 하는 메시지를 뚜렷하게 전달하는 습관을 들일 수 있다는 장점이 있다. 그리고 또 하나의 장점은 게으른 내가 이른 아침이나 잠자기 전에 책 읽는 것도 싫을 때 무언가는 하긴 해야 하겠지만 일어나기 싫을 때 이불 속에 누워서 타이머를 켜놓고 외우는 방법이기도 하다. 긍정적인 문구, 그리고 달성해야 할 목표, 그리고 내가 해야 할 말들에 관해 1,000번씩 읽다 보면 나의 무의식에 자리를 잡으며 부정의 말 대신 긍정의 말이 자동으로 나온다. 지금의 나는 예전의 나보다 훨씬 더 많은 긍정 문구를 사용한다. 얼마나 달달 외웠으면 나의 아들까지 이제는 그 말을 외우고 다닌다. 긍정이 주는 힘은 활력소를 찾는 영역 담당뿐만 아니라 무궁무진한 에너지를 발사하는 힘까지 주니 부정에 물들지 말고 긍정에 물들자.

"나는 뭘 해도 안 돼"보다는 "나는 무슨 일이든 잘해"라고 외치고 "나에게는 그럴 여유가 없어"라고 하는 대신 "나는 항상 여유가 있어서 즐거워"라고 말하자. "나에게는 그럴 힘이 없어"라는 말의 자리에는 "나에게는 모든 일을 감당할 힘이 있어"라는 말을 놓자. 모든 것이 긍정으로 바뀔 테니까.

생각의 선택을 바꾸는 순간 삶은 변화하기 시작한다
······

생각을 선택(Choice)하라. 생각의 선택을 바꾸는 순간 삶은 변화하기 시작한다. 어떤 생각을 선택할지는 본인에게 달려 있고 그것은 곧 자신의 운명을 지배하는 '생각 초이스론'이다. 생각 초이스론에 관한 효과 세 가지는 반드시 삶에 적용시켜라. 그것은 필수다.

첫 번째, 강하고 뚜렷한 메시지를 선택하라. 이것은 독서 모임같이 여러 명이 한 가지 주제를 논의하기 위해 모인 곳에서 말할 때나

친한 사람들끼리 편하게 모여 수다를 떨 때나 마찬가지다. 자신이 하고자 하는 내용의 말을 정확하게 뚜렷하게 그러나 자신 있는 메시지를 선택하라.

두 번째, "안 돼", "하지 마라" 대신에 "된다", "하라"로 바꿔라. 제한적인 행동에서 무제한적으로 바꿔라. 무한 긍정은 "하라", "된다"는 자신감마저 동반한다.

세 번째, 자부심과 자신감을 가져라. 자부심과 자신감을 가지는 방법은 끊임없는 반복연습밖에 없다. 연습하고 또 연습하라. 그러면 자신감이 처음에는 한 방울씩 솟는 듯하나 자꾸 연습하다 보면 샘솟듯 솟기 시작한다.

그러니 선택하라. 당신의 선택을 바꾸지 않는 한 삶은 결코 달라지지 않으며 항상 변하지 않은 어제와 같은 삶을 살게 될 것이다.

로드맵 7 On Earth
조화와 융합으로 완성되는 생각 습관

과거의 조화와 현재의 융합
......

우리가 살아온 삶에는 과거와 현재가 존재한다. 그것이 합쳐서 지금의 삶이 있다. 나는 나의 과거를 부정하고 싶은 생각이 없다. 지우고 싶은 생각도 없다. 단지 '미리 알았더라면 좋았을걸', '그 시간에 좀 더 책을 읽을걸', '나를 좀 더 챙길걸' 하는 후회는 있다. 내가 후회를 당당하게 얘기하는 이유는 후회라는 것은 인간이 새로운 것을 추구하고 열망하고 욕구할 때 나타나는 현상이기 때문이다. 실패가 원인을 찾는 길이 되고 부의 문을 열어주는 마스터키가 되었다면, 후회는 지나온 과거를 뚫고 진정한 삶을 살기 위한 마스터키가 되기에 나는 그 후회가 나에게 온 것에 대해 감사하게 생각한다.

나는 후회를 삶의 어둠을 뚫고 나오는 작은 불빛 같은 존재라고 정의한다. 잘 살기 위한 마음이 없다면 후회조차 하지 않을 것이다. 한 보 더 전진하기 위한 스타트인 후회와 그 후회되는 삶을 개선하는 것이 현재를 보다 더 아름답게, 풍요롭게, 충실하게 살아가 하나의 온전한 삶을 완성한다.

그러니 그 후회되는 것들을 부단히 개선하는 방법을 찾아서 개선하라. 개선의 가장 첫 번째 방법은 후회에 빠져들지 않는 것이다. 후회에 빠질수록 자신을 한심하다 여기며 우울해진다. 후회라는 것은 자신을 개선하라고 주는 하나의 신호일 뿐이다.

두 번째는 후회는 제대로 된 답을 찾아주는 문제에서 보조 역할을 해줄 뿐임을 기억하는 일이다. 후회하는 삶의 반대 방향으로 선택하라. 우리는 후회든 실패든 모든 것이 나에게 찾아온 원인을 찾아야 하며 그 찾는 과정에서 발생하는 고통은 스스로 감당해야 한다. 인내하고 견뎌라. 그 고통을 딛고 일어서라.

과거에 알았더라면 더 좋았을 것들
......

당신은 생각을 바꾸기로 결심했는가? 생각에 회전공식을 적용시키기로 했다면 당신은 이미 성공의 문고리를 잡아당기기 시작한 것이다. 나는 생각을 바꾸기로 마음먹은 시점부터 부자가 되기로 결심했다. 그다음 목표를 정확하게 세우기 위한 노력을 했다. 그리고 나는 수많은 사람들과 어울리면서 살던 그 시절보다 지금은 조용히 혼자인 삶을 살지만 몇십 배 더 행복하다. 그 행복이 어디서

오냐면 이미 내가 목표한 바를 실행하고 내가 알고자 하는 것들 알고 난 후에 오는 것들이었다. 돈이 많고 적고를 떠나서 행복은 누려움이라는 공포 뒤에 꼭꼭 숨어서 미처 나타나지 않았을 뿐이다.

세 자녀를 키우는 H라는 한 친구는 나에게 이렇게 말했다. "돈이 많으면 뭐하냐? L은 전혀 행복해 보이지 않더라. 적어도 우리는 자식이랑 함께 사는 행복은 존재하잖아." L이라는 친구는 나와 그 친구보다는 돈이 많다. 하지만 자식과 떨어져 살면서 기껏해야 2~3년에 한 번씩 자식의 얼굴을 본다. 하지만 그 돈이 자식과의 이별을 갈라놓는 돈이라면 나는 절대 환영하지 않을 것이다.

그런 걸 보면 돈에는 여러 가지 속성이 존재하는 것으로 보인다. 가장 크게는 나를 기분 좋게 하는 돈과 나를 불행하게 하는 돈으로 나눌 수 있다. 나는 이 두 가지 돈의 맛을 다 본 사람이다. 기분 좋게 하는 돈은 써도 기분이 좋지만 불행한 돈은 내가 받아도 기분이 찝찝한 경우다. 돈이란 쓸 때에도 기분 좋게 써야 하지만 줄 때에는 더욱 기분 좋게 줘야 한다.

"돈에 무슨 눈이라도 달렸어?" 한다면 돈에는 자신이 한 생각과 에너지가 함께 전달된다고 말해주고 싶다. 내가 만약에 10년 전에만, 조금 더 일찍 생각의 시크릿을 알아서, 이 행복의 출처를 알았더라면 지금쯤 부자가 되어 있었을 거라 확신한다. 과거에 미처 알았더라면 좋았던 것들 중 한 가지는 단호한 결심이다. 망설일 것 없다. 주저할 것 없다. 느리게 가도 좋다. 단지 모든 것을 바꾸기로 결심하는 순간, 봄이 지난다는 것은 여름이 준비되어온다는 뜻이 되듯이 또 다른 한편에서 새로운 길이 열린다는 것을 명심하라.

멋있는 사람으로 산다는 것은
······

칭찬과 비난 두 가지를 다 받아보면서 나는 칭찬할 때 즐거워했고 비난할 때 괴로워했다. 그러면서 알게 된 것은 칭찬과 비난에서 담담해질 때 우리는 비로소 홀로서기를 할 수 있다는 것이다.

최근 JTBC 채널에서 방송된 드라마 〈대행사〉 마지막회에 보면 "사람들의 생각이라? 내 한계를 왜 남들이 결정하지?"라는 대사가 나온다. 나는 그때 그 드라마 대사를 보고 나 자신에 대한 평가를 남들에게 맡겨왔다는 생각이 들었다. 그리고 사람들이 나에 대해 하는 칭찬과 비난에 대해 이런 결론을 내렸다.

'왜 타인들이 하는 칭찬이나 비난에 내가 왜 흔들리지? 그들이 왜 내가 잘하고 잘못하고를 결정하지? 그리고 나는 왜 타인들이 그렇게 나를 결정하도록 방치해 뒀지?'

홀로서기란 남들이 나를 칭찬하면 즐거워하고 비난하면 슬퍼하는 것이 아니라 남들이 칭찬하든 비난하든 흔들림 없이 나의 길을 묵묵히 가는 것이다. 내 아들은 항상 나에게 "엄마, 내가 엄마 설거지를 도와주면 착한 일을 하는 거야?" 하고 묻는다. 나는 그런 일에는 착하고 안 착하고가 없다고 답한다. 당연한 일과 그렇지 않은 일이 있을 뿐이라고 말이다.

이처럼 나는 어린아이에게도 착한 일과 당연한 일을 구분하라고 말한다. 어느 구부정한 할머니가 무거운 물건을 들고 지팡이를 짚고 계단을 힘겹게 올라가는 것을 발견했다. 이에 그 물건을 계단 위까지 대신 올려다 드렸다. 그렇다면 이것은 착한 일인가, 당연한 일인가? 나는 이것을 착한 일이라고 말하지 않고 당연히 약자를 위해서 우리가 응당 해야 할 일이라고 말한다. 그래서 설거지를 돕는다고 표현하는 아이에게 나는 이렇게 말한다. "이건 돕는 것이 아니라 너와 나는 한 집에서 살기 때문에 당연히 해야 하는 일이란다." 그리고 착하다는 표현을 쓰지 말고 "네가 하는 일은 모두 멋진 일이야"라고 가르친다. 멋있는 사람이 되기 위한 과정에는 멋있다는 단어는 필수조건이기 때문이다.

내가 생각하는, 멋있는 사람으로 사는 기술 세 가지를 공유하고자 한다. 첫 번째는 당연한 일과 착한 일을 구분하라. 우리는 당연한 일도 돕는다고 착각하는 경우가 허다하다. 그러나 이를 구분하면 훨씬 멋진 사람이 된다.

두 번째는 가까운 곳이라도 자주 여행을 떠나라는 것이다. 자연에서 의외로 배울 것이 많다. 아침 떠오르는 태양이 주는 빛과 저녁 석양이 지는 빛이 우리에게 주는 감각과 느낌은 확연히 다르다. 얼마 전에도 나는 아이들과 함께 부산으로 다녀온 적이 있다. 비행기 창밖으로 구름을 보면서, 또 바다 위를 나는 것을 보며 아이들은 신이 났고 바닷바람과 자연을 만끽한다는 것은 새로운 것을 경험하는 과정이다. 자연을 경험하지 않으면 결코 자연의 기운을 배울 수 없다. 우리가 거기서 얻는 것은 엔도르핀이라는 행복 호르몬 생성이다. 행복 호르몬이 많이 생성되면 될수록 행복지수가 높아지며 새로운 것을 경험한 새로운 세포가 형성된다.

유튜브를 시작한 지 몇 개월 만에 17만 6천 명 구독자를 보유한 '하와이대저택(부동산 1억 사기를 당한 후 '끌어당김의 법칙'을 이용해 현재 파이어족으로 살고 있다)'의 유튜브 영상 〈2주 만에 저절로 노력하게 되는 비밀〉에는 새로운 세포 형성에 대해 이렇게 소개한다.

> "뇌졸중은 뇌세포가 손상을 입었을 때 걸리는 병이죠. 발병하면 손상된 뇌세포가 조정을 담당했던 신체부위가 마비됩니다. 이런 증상은 해당 신체 부위의 운동을 기억하고 담당했던 시냅스가 작동하지 않기 때문에 나타나는 것인데요. 한번 손상된 뇌세포는 재생되지 않아요. 그러면 재활치료는 도대체 어떻게 가능한 걸까요? 뇌세포는 재생되지는 않지만 새로운 시냅스는 더 생성될 수가 있기 때문입니다. 그러니까 손상된 세포와 주변 세포에 그 운동을 담당하는 시냅스가 새롭게 형성되고 발달되면서 마비된 부분을 사용할 수 있게 되는 거예요. 이 과정은 어린아이가 걸음마를 배우면서 시냅스가 형성되는 과정과 거의 비슷한 겁니다."

재활치료만으로도 새로운 시냅스가 생성되는 것처럼, 어린아이가 걸음마를 배우면서 시냅스가 형성되는 과정처럼 여행이라는 움직임 또한 새로운 시냅스 형성에 도움이 된다고 나는 생각한다.

세 번째는 타인에 대한 사소한 배려다. 그 사소한 배려에는 상대방에 대한 존중이 있다. 자신을 배려해 주고 아껴주는 사람을 싫어하는 사람은 없다. 상대에 대한 배려가 없는 사람은 자신에 대한 태도 또한 마찬가지다.

서로가 도와주고 아껴주고 하는 사람들이 많다면 멋있는 삶이 되지만, 상대방에게 상처를 준다면 그 상처는 다시 상대방의 복수의 칼날이 되어 돌아온다. 나는 이것을 '카르마(Karma)의 법칙'이라고 한다.

카르마란 불교 용어로 몸과 입과 뜻으로 짓는 선악의 소행을 말하며, 혹은 전생의 소행으로 말미암아 현세에 받는 응보(應報)를 뜻한다(두산백과 참고). 나는 전세에 지은 소행 때문이 아니라 현세에서도 자신이 지은 업보가 그대로 고스란히 돌아오는 것이라고 생각한다. 그러니 다른 이들을 자상하게 배려하라. 배려하면서 보답을 바라지 마라. 내가 베푼 그 사람이 보답을 하지 않는다고 해 다른 사람이 베풀지 않는 것은 아니다. 나의 베풂은 꼭 당사자가 아니더라도 제3자를 통해, 혹은 다른 통로로 돌아오는 경우도 종종 있다.

예전에 내가 살던 윗집 아이들은 유별나게 뛰어다녔고 우리 집뿐만 아니라 옆집까지 쿵쿵거려서 집집마다 302호에서 살던 그 집문을 두들겨 아이들을 주의시키라는 얘기를 많이 들었다면서 다른 집들은 왜 아이들이 쿵쿵거린다고 성화인데 왜 이 집만은 아무 말없이 지내는지 그것이 궁금하다면서 과일 바구니를 들고 온 적이 있었다. 나는 아이들이란 원래 뛰어놀고 그러는데 나도 자식 키우는 입장에서 그럴 수 있으니 그냥 있는 것뿐이라고 말했다. 그리고 그 당연한 베풂은 내가 둘째 아이를 낳고 다른 집으로 이사 가서 살 때 고스란히 나에게 행운으로 돌아왔다. 나의 두 아이들이 소란스럽게 굴어도, 그렇게 시끄러운데도 한 건물에 사는 사람들은 나를 볼 때마다 오다가다 만나면 웃으면서 "그 집 아이들은 잘도 뛰어놀더라. 애들은 원래 그렇게 놀아야 하는 거야. 장군이라면 더 그래야지" 했다.

어떤 사람들은 왜 애들이 이렇게 시끄럽냐며 시끄러워서 못 살겠다고 이사 가라는 험한 말을 들어도 내가 다른 사람들을 당연하게 받아들인 만큼 나에게도 당연한 일로 다가왔다. 그 일뿐만 아니라 그런 비슷한 일들은 내가 한 만큼 나에게로 돌아왔다. 베풂과 사소한 배려, 작은 배려일지라도 베풀고 사는 일이야말로 멋있는 사람으로 사는 가장 원초적인 기술일 것이다.

5장

나를 성장시키는
생각 스킬

기분이 100% 업 되는 청소의 힘

몸이 무겁고 움직이기 싫다는 것은 무기력해질 때다
......

지금도 한 번씩 나는 우울해지고 무기력해진다. 최근에도 2주도 안 되는 사이 5킬로그램 가까이 살이 쪘고 일어나는 것조차 귀찮아 이불 속에서만 뒹굴뒹굴했다. 일도 하기 싫어서 죽을 날을 받아놓은 사람처럼 모든 것을 다 내려놓고 먹고 자고 또 먹고 자고 했다. 그렇게 먹고 자는 동안 온갖 부정적인 생각은 머릿속을 떠나지 않았고 이러다가는 내가 숨이 막혀 죽을 것만 같았다. 점점 더 부정의 늪에 더 깊이 빠져 들어가는 느낌이었다.

그렇게 며칠을 지내다 정신 차리고 집 안을 둘러보면 옷은 아무 데나 놓여 있었고 설거지는 싱크대에 쌓여 있었다. 쓰레기는 말 그대로 쓰레기통에서 밖으로 튕겨 나올 지경이었고 신발은 제각기 놀고 있었다. 탁자에는 먹다가 만 빵 쪼가리가 있었다.

무기력은 만사 귀찮고 아무것도 하기 싫다에서부터 시작되는데, 점점 날이 갈수록 피로감이 더 쌓이고 사소한 일에도 짜증이 많아지면서 예민해지기 일쑤다. 그 과정이 반복되면 우울해지고 우울이 계속되면 우울증을 유발한다.

나는 이 단계로 넘어가기 싫어서 그 이전에 무기력한 나를 발견하려고 노력한다. 가장 첫 번째는 몸무게가 늘어난다. 두 번째는 몸무게가 늘어지면서 점점 더 허기져서 더 많은 양의 음식을 먹게 된다. 세 번째는 때로는 샤워하는 것조차 귀찮고 이불 속에서 나오는 것조차 두려워 진다. 네 번째는 움직이기 싫으니 당연히 일하는 것도 싫어진다. 다섯 번째는 매사에 짜증이 많아진다. 그렇다면 무기력하다는 증거다. 무기력하면 의욕이 상실되고 의욕이 상실되면 정말 자신을 소중하게 다루지 않고 방치하게 된다. 그 방치된 자신이 곧 폐인이 되는 것이다. 그렇게 되고 싶지 않다면 몸이 무거울 때 알아차려야 한다. 무기력함이 찾아왔다는 것을. 그리고 벗어나기 위해 최선을 다해 노력해야 한다.

다시 몸을 일으키면서
......

내가 무기력을 극복하려고 할 때 가장 먼저 하는 일은 환기 시키기다. 공기를 바꾸듯 분위기를 전환하고자 함이었다. 우울함과 초조함이 나를 억누를 때마다 나는 정신을 차리고 맨 먼저 창문이란 창문을 죄다 열었다. 이른 아침 일찍 일어나서 창문을 열고 환기를 시킬 때 내 코 안과 입 안으로 들어오는 공기는 언제나 내 온몸의 케케묵은 감정을 샤워하듯이 깨끗하게 씻어준다는 생각이 들었다.

공기를 바꾼 다음에는 대대적으로 집 청소를 한다. 긴 머리를 끈 하나로 질끈 묶고 설거지하고 그다음은 가스레인지부터 시작해서 싱크대, 조리대며 욕실까지 전부 다 반들반들하게 정리하고 나면 그동안 머릿속에 맴돌았던 생각들은 어디론가 사라지고 없었다. 청소 중에 욕실 청소를 할 때가 제일 신이 난다. 나는 욕실 청소할 때 보통 강력세정제인 PB-1을 골고루 뿌리고 철수세미로 빡빡 문지른다. 그리고 샤워기로 좌악 뿌려주면 세면대부터 반짝반짝 빛이 난다. 더욱이 현관문 앞에 있는 신발장까지 다 정리를 하고 난 후 신발장 위에 있는 꽃병에 꽃을 사다가 꽂아놓아야 마무리가 된다.

내가 현관문 입구에 한 움큼의 꽃을 사서 꽂아 놓는 이유는 딱 하나다. 하루 일정을 마치고 집에 들어오는 나에게 주는 작은 선물 같은 거다. 꽃을 보고 있으면 내 마음에도 꽃이 피어난 듯 뿌듯해지면서 기분도 한결 상쾌해진다. 그리고 보니 나는 온갖 복잡한 생각이 머리를 어지러워 놓을 때마다 내 온몸을 움직여 생각의 브레이크를 밟고 청소를 하고 있었다. 지금은 청소하는 습관이 몸에 배어서인가 무기력이 찾아오면 청소부터 시작하고 언젠가부터는 청소가 흐트러진 몸과 마음을 정리하고 다잡는 하나의 루틴이 되었다.

그때 모든 것을 다 버린 것이 신의 한 수였다

......

몇 년 전까지만 해도 우리 집은 여기서기 벽지에 얼룩 자국이 가득한, 그마저도 장판마저도 여기저기 찢긴 집이었다. 밥솥 위는 먼지투성이였고 주방 싱크대 안쪽에는 쓰지 않은 그릇들이 쌓여 있었다. 가스레인지 위에는 기름때가 타월로 밀면 한가득 나올 판이었다. 양념통은 기름 얼룩진 자국이 점박이 통으로 탈바꿈을 하고 있었다.

커피숍을 운영하면서 코로나19로 대출까지 받아 가며 연명해가던 어느 날, 집으로 들어선 그 순간 나는 그만 주저앉고 말았다. 할 수만 있다면 그 집을 통째로 다 갈아버리고 싶을 정도였다. 하지만 이미 모든 대출과 있는 돈을 커피숍에 부은 터라 더 이상 경제 여력이 남아 있지 않았고 쌀을 사 먹을 돈조차 없어서 부들부들 떨면서 살아야 할 상황까지 온 것이다.

나는 다 버리기로 결심했다. 산 지 1년도 안 된 냉장고며 에어컨이며 침대며, 그렇게 아끼는 책까지 전부 다 버리고 옷 몇 가지만 넣은 트렁크와 컴퓨터만 달랑 들고 새롭게 시작했다. 아마 여윳돈이 조금이라도 있었더라면, 버린다는 것은 꿈에조차 생각하지 못했을 것이다. 버림으로써 시작한 새로운 출발은 그동안 묵혀둔 숙제를 완성한 것만큼 마음을 가볍게 했다. 무거운 돌덩어리 하나를 내려놓은 느낌이었다.

내가 당시 물건을 버린 이유는 단 하나였다. 지금의 내 상태에서 벗어나기 위해 심기일전(心機一轉)이 필요했던 것이다. 어지럽고 힘든 시간을 같이해 온 물건들이 나에게 나쁜 기운을 주고 나쁜 기억을 불러일으킬 것이라 생각했다. 물론 나처럼 극단적으로 물건을 버리는 게 정답은 아니다. 다만 나에게 그만큼 상황이 절박했을 뿐이다.

청소하지 않은 방 하나가 바로 그 사람이다
······

언젠가 D의 집에 놀러 간 적이 있었다. 그 집은 쓰레기장이라 해도 과언이 아니었다. 나는 D에게 같이 청소하자고 제안했다. 그 말에 D의 인상은 찌그러졌지만 욕실부터 시작해서 주방은 물론 거실까지 다 깔끔하게 청소했다. 다른 방을 마저 청소하려고 하는 찰나 D는 그 방 안에 들어가서 문을 잠가버렸다.

우리 사이에는 그 문으로 인해서 금이 가기 시작했다. 나는 그냥 하룻밤만 지내고 집으로 와버렸다. 청소하지 않은 방은 결국 그 사람이기 때문이었다. 청소 하나조차 하기 싫은 마음이, 그 행동들이 하나둘씩 모여서 결국 그 친구를 하는 일마다 실패하게 만들었고, 신용불량자, 가압류에까지 시달리게 만들었다.

정리 정돈을 잘한 집이 있는가 하면, 어질러져 있어도 치우지 않는 집이 있다. 어떤 집에 가면 향기로운 냄새가 나고 어떤 집에 가면 퀴퀴한 냄새가 난다. 내가 알고 있는 주변 사람들의 방과 그 사람을 현재 상황을 보니 그 사람의 방이 곧 그 사람을 말해주고 있었다. 깨끗한 집은 행운을 가져다주지만 어질러진 집은 불행을 가져다준다.

마음을 상쾌하게 하는 청소, 그것도 하나의 작은 성공이다
······

《청소력》(마스다 미츠히로, 우지형 역, 나무한그루, 2007)이란 책 뒤표지에는 "당신이 살고 있는 '방'이 바로 '당신 자신'입니다"라고 나와 있다. 이 책을 읽고 나서 내가 무기력해질 때마다 청소를 하게 되면 왜 내가 살고 있는 방이 나 자신인지를 알게 되었다. 샘터에서 솟구쳐 나오는 샘처럼, 청소를 하면 힘이 솟구쳐 나왔다.

청소 뒤에 '힘(力)'이라는 글자가 붙어 있는 이유가 분명히 있다. 청소는 단지 치우고 끝나는 것이 아니라 자신의 마음을 상쾌하게 하면서 기분을 좋게 만드는 힘이 있기 때문이다. 도전하는 사람은 이런 청소와 같이 사소한 작은 것들부터 하나씩 해내다 보면 의욕이 생기게 된다. 내가 할 수 있는 영역 안에서부터 그 작은 성공에 대한 성취감이 있어야 큰 성공으로 이어진다. 한 달에 한 번 대청소를 하고 쓰지 않는 물건 버리기가 내게 생각을 비우고 정리하는 기술이 된 가장 큰 이유가 바로 여기에 있다.

뇌가 편해지고 당당해지는 대화를 하라

뇌가 편한 대화를 하라
......

대부분 스트레스는 일상에서 그리고 내가 하고 싶은 말을 제대로 하지 못해서 생기는 경우가 허다하다. '아, 그때 이 말을 할 걸 왜 못했을까?', '그때 내가 그냥 바보같이 당하기만 했네'라는 생각을 누구나 해봤을 것이다. 가끔은 난처한 질문을 받을 때도 있다. 상대방에게서 불합리한 대화를 단칼에 거절하기도 애매모호한 경우도 있다.

그럴 때에는 생각을 비우고 정리하면 자신의 뇌에 쌓인 스트레스가 풀어진다. 이렇게 해보자. 먼저 똑같은 질문을 반복해서 상대에게 물어라. 그다음은 상대방이 집요하게 물어온다면 약간의 힌트만 줘라. 그래도 무례하게 말한다면 "그 말뜻이 대체 뭐야? 그런 말은 하지 말아 줬으면 좋겠다"라고 단호하게 말하라.

얼마 전, 주택 매매 문제로 조합장을 만났는데 나에게 "가게를 하다가 망했다는 소문이 돌던데 진짜신가요?"라고 물었다. "어머, 소문이 참 빠르네요. 그런데 그 질문에 굳이 대답을 해야 하나요? 그런 사장님은 어떻게 하시는 사업마다 다 잘 되시던가요?" 했더니 자신의 인생 얘기를 구구절절하기 시작했다. 나는 식사를 마치고 커피를 마시는 내내 그분의 얘기를 듣고 있었다. 커피숍에서 결국 그분의 인생 컨설팅과 향후 계획을 듣는 것으로 마무리가 끝났다. 나와 같이 가셨던 소장님은 "나 참, 너 때문에 우스워서 혼났다. 너 가끔은 능청스러울 때가 있더라"라고 말했다.

뇌가 편한 대화를 하려면 먼저 상대방의 이야기를 최대한 들으면서 맞장구를 쳐라. 그다음은 자신이 스트레스를 받는 질문을 하면 다른 방향으로 유도하라. 갑자기 하는 질문에 생각이 나지 않는다면 평소에 미리 예상 문제를 연습하듯이 메모를 하고 달달 외우는 연습을 해둬라. 그러면 그 예상 질문이 나왔을 때 구애받지 않고 웃으면서 대화를 할 수가 있다. 뇌가 편해야 마음이 편해지며, 마음이 편해져야 나 자신이 활력소를 잃지 않고 유지할 수가 있다.

할 말이 있다면 반드시 메모를 하고 정확하게 뇌에 입력하라
······

그래도 할 말은 다 해야 한다고 나는 생각한다. 그렇다고 할 말이 있다고 해서 즉설적으로 내뱉지는 마라. 그것은 말하지 않으니만 못하다. 그래서 침묵은 금이라 하지 않은가? 그것은 할 말과 하지 말아야 할 말을 구분하고 해야 될지 하지 말아야 될지 할 때 그렇게 구분이 서지 않을 때에는 생각하는 시간을 가지라는 뜻이다. 생각의 필터 없이 걸러지지 않은 채로 하는 말은 아무런 의미가 없다. 그냥 한낱 우리가 내다 버려야 할 쓰레기와 마찬가지다. 그런 말이 되지 않으려면 내가 한 말이 한마디라도 쓸모있는 말이 되려면 그것이 쓰레기가 되어 뇌에 방치되지 않으려면 반드시 아래 다섯 가지 방법으로 접근하라.

첫째, 하고자 하는 말의 핵심을 찾는다.
둘째, 서운했던 것을 최대한 상세히 묘사하라.
셋째, 반대의 입장에 서서 한 번 더 생각하라.
넷째, 이 말을 함으로 인해서 내가 얻는 이익이 무엇인지 생각하라.
다섯째, 그래도 꼭 해야 하겠다면 하도 화를 내지 말고 또박또박 말하라.

나는 시간과 장소를 가리지 않고 기분이 나쁘면 화부터 버럭버럭 내는 사람 중의 한 사람이었다. 하지만 화를 내고 나면 이상하게도 시원한 것이 아니라 에너지 전부를 소모하면서도 또한 부들부들 떨리는 경우가 많았다. 아는 지인 역시 사소한 말에도 무조건 소리부터 질렀는데 그리고 난 후에는 무조건 나에게 전화를 걸어와 이런 말을 했다.

"나 오늘 친구랑 통화하다 말고 별일도 아닌데 화를 냈지 뭐야!"

지인 역시 자신의 행동을 후회를 하고 있었다. 화를 내고 나면 속이 시원해져야 하는데 그러지 못한 이유는 그 화가 나오는 경로를 추적해 보니 화는 대부분 그동안 내가 하고자 하는 말들을 다 하지 못한 곳에서부터 시작되었다.

아무 때나 하지 마라. 반드시 손익계산을 따지면서 해라. 이 말을 함으로써 내가 얻는 것이 무엇인지부터 따져라. 나에게 이익이 되지 않는 말은 오히려 피하는 것이 유리하다. 하지만 그 모든 것을 떠나서 나는 내가 할 말을 다 한 경우에는 이상하게도 집에 돌아오면 후련해지는 자신을 발견했다. 그것은 내가 하지 못한 말은 내 뇌로 다시 돌아와 나를 괴롭히지만 내가 해야 할 말은 밖으로 표출함으로 인해 다시 뇌로 돌아오지 않기 때문이다.

그리고 상대방이 상처받고 상대방이 떠날 것을 두려워하지 마라. 타인이 우리한테 말할 때 아무렇지도 않게 대수롭지 않게 말하는 경우가 허다하다. 자신의 해야 할 말을 조곤조곤 한다는 그런 이유로 떠나는 타인이라면 옆에 둬야 할 이유가 없다. 단지 그 인연의 끝은 거기까지일 뿐이다. 반면에 어떤 사람은 "내가 그런 말 했어? 미안해!" 하는 경우도 있으며 그럼에도 불구하고 자신의 할 말을 화내지 않고 하는 사람이 부럽다는 사람도 있다.

속 시원하게 할 말 다하면 인생이 편해진다
······

집 안이 온통 쓰레기로 꽉 찼을 때와 쓰레기를 다 비웠을 때 언

186

제가 내 눈이, 내 속이 후련한지를 생각해 봐라. 그것만 봐도 알수 있다. 우리가 속 시원히 할말 다하면 인생이 가벼워지면서 편해진다. 내가 하는 할 말이란 아무 말이나 나오는 대로 다 하라는 얘기가 아니다. 불합리한 것에 대한 나의 생각을 정확하게 표현하라는 뜻이다. 가끔은 할 말이라는 무거운 짐이 돌덩이보다 더 무거울 때도 있다. 처음에 나는 상대방이 상처받는 것이 싫어서, 그래서 나와의 인간관계가 끊길까 봐 그것이 더 두려워서 내가 해야 할 말을 피했다.

하지만 정작 지금에 와서 내 모든 인간관계를 정리하면서 보니 그것이 다 부질없는 짓이라는 것을 깨달았다. 이럴 줄 알았더라면 그때 속시원히 내 할 말을 다 했을걸. 나는 그때 하지 못한 말들을 일기로 썼다. 일기를 쓰는 것도 중요하지만 일기를 쓰면서 읽어라. 그러면 밖으로 표출되면서 더 마음이 시원해짐을 느끼게 될 것이고 별것도 아닌 일로 흥분한 자신을 발견하기도 한다. 내가 제안하는 몇 가지 방안이 있다.

첫째, 화를 내고 싶다면 혼자 있을 때라도 화를 내라.
둘째, 노트에 욕을 쓰고 싶다면 그렇게 해라.
셋째, 다른 사람이 뭐라 해도 내 주장에 흔들리지 마라.

내 주장에 흔들리지 말라는 말은 상대방의 말에 흔들리는 순간 우리는 집에 와서 그 일을 다시 한번 생각하기 되기 때문이다. 정말 그 말이 맞나? 이 생각은 내 말도 상대방의 말도 믿지 못하면서 나의 말인가 상대방의 말인가를 계속 의식하는 하나의 루트를 만들어주는 셈이다. 그것은 그 답을 찾기 전까지는 풀리지 않는 수수께끼로 남는다. 그러면 그 일을 처리해야 할 기관은 바로 뇌이기에 뇌는 생각을 반복하게 되고 그 생각이 반복되면 두통이 오기 마련이다.

컴퓨터도 한동안 쉬지 않고 사용하면 오류가 걸려 한동안 버벅대듯이 두통은 뇌가 과부하가 걸려 쉬고 싶다는 신호다. 머리가 아프다 하면 어른들이 흔히 하는 말이 있다. "한숨 푹 자라. 자고 나면 괜찮을게다"이다. 그 말은 즉 "뇌를 자면서라도 쉬어줘라. 그러면 괜찮다"라는 말과 똑같은 말이다. 사람들은 나에게 성격이 좋다는 말을 많이 한다. 그리고 무엇이든 긍정적으로 말한다고 한다.

하지만 그럼에도 불구하고 나 역시 스트레스를 많이 받고 상처를 많이 받는다. 독일 심리학자 배르벨 바르데츠키의 말처럼 "너는 나에게 상처를 줄 수 없다"라고 하지만 많은 사람들은 자신의 한 말이 상대에게 상처를 주는지조차 모른다. 더욱 나는 유튜브를 시작하면서 한동안 악플에 시달렸다.

연예인들이나 나를 비롯한 많은 사람들이 왜 악플에 이토록 민감한지 생각해 보았다. 몇몇 연예인들이 악플 때문에 자살을 하는 것을 보면, 악플은 인생을 스스로 포기할만큼의 아주 큰 영향력을 준다. 나 역시 처음에는 악플도 어떻게 대처해야 할지 몰라서 나도 악플에 댓글을 달면서 시원하게 욕할지, 신고를 할지 생각해 봤지만 한동안의 생각의 결과 나는 무통보삭제로 결정을 내렸다. 내가 정한 방침은 세 가지다.

첫째, 악플이다 싶으면 뇌에 입력이 되기 전에 무조건 바로 삭제해라.

둘째, 악플은 한번 읽은 것으로 끝낼 것. 그리고 선플을 더 많이 읽어라. 선플을 더 많이 읽음으로 인해 악플을 읽었던 기분은 사라지고 선플을 읽은 좋은 기분이 남게 된다.

셋째, 선플을 메모해서 붙여라. 이것은 긍정 문구에 해당되므로 자꾸 읽을수록 동기부여가 된다.

그렇게 자신의 감정은 자기 스스로 컨트롤해야 한다. 아무도 나의 기분 좋은 감정을 나쁘게 흔들지 않도록, 타인의 상처주는 말에 흔들리지 않도록 곧게 가는 방향은 자신의 내면의 감정을 어떻게 다스리는가에 따라 달라진다. 길지도 않은 인생 악플이나 나에게 상처주는 말 따위에 휘둘리지 말고, 속 시원히 자신의 할 일을 다 하면서 인생 편하게 살자.

1 : 6 : 12의 법칙

부자가 쓴 책은 바로 그 부자의 생각이다
······

나는 주로 자기 계발에 관한 책을 많이 읽는다. 그것도 부자에 관련된 책들을 읽는다. 책을 읽는 시간은 보통 아침 5시 정도로 정해져 있다. 출근하는 사람에게 주어진 자유시간은 아침 시간이거나 저녁 시간이거나 둘뿐이기 때문이다. 그 둘 중에서도 컨디션이 가장 좋은 시간은 잠을 자고 난 개운한 아침이니 당연한 선택이다.

아침에 가벼운 토마토주스나 우유에 시리얼을 조금 넣어서 먹는다. 그렇게 밤새 자면서 허기진 마음을 달래고 이미 전날 미리 준비해 둔 책을 읽는다. 보통은 일주일에 읽어야 할 책들을 골라서 나는 책상 위에 올려놓는다. 그 옆에는 항상 바로바로 메모할 수 있는 노트가 준비되어 있다. 솔직히 말하면 나는 자기 계발 책은 별로 좋아하지 않는다. 자기 계발 책보다 가벼운 힐링 에세이를 더 좋아한다.

과거 20대로 돌아가서 더 정확히 말하면 나는 김성종이 쓴 추리소설을 좋아했다. 한때는 추리소설에 빠져서 나 자신을 프로파일러로 착각할 정도였다. 그렇게 좋아했던 책들을 나는 두 아이를 키우면서 가게를 운영한다는 핑계로 전혀 책을 읽지 않았다. 아니, 책 읽을 시간이 없다고 말했다. 돈 버느라 바빠서 시간이 없다는 말도 안되는 이유를 대면서. 그렇게 시간을 엉뚱한 곳에 낭비한 댓가로 지금은 그 시간까지 보충하기에 더욱 빠듯한 시간을 보내고 있다.

하지만 그 시간을 나는 후회하지 않는다. 그 시간이 존재했기에 지금 이 시간이 더 소중하게 느껴지니까. 그래서 지금은 추리소설이나 에세이 보다는 자기 계발 책 읽는 것에 전념한다. 그것도 부자들의 마인드에 관한 책들만 골라서 읽는다. 내가 자기 계발 책 중에서 부자들의 쓴 책들만 골라서 읽는 이유는 딱 두가지다. 첫 번째는 일상에서 부자를 만나는 것이 쉬운 일이 아니기에 부자들의 생각을 접할 기회가 없기 때문이다. 두 번째는 지금의 상황으로서 부자의 마인드를 배우는 유일한 길이 바로 부자가 쓴 책이기 때문이다.

부자가 쓴 책은 바로 그 부자의 생각이 적어도 70%는 담겼다. 도전을 하기 위해 한 발자국 앞으로 내디뎠다면 나는 반드시 부자들이 쓴 책을 읽으라고 권유한다. 나는 나의 딸에게도 책 한권 읽는데 용돈을 주는 조건을 걸고 부자들의 쓴 책을 읽혔다. 자녀가 있다면, 책 읽기 싫어하는 자녀가 있다면 용돈을 줘서라도 읽히는 것이 좋다.

가끔씩 나는 지금도 가끔씩 어이가 없는 말이 떠오를 때가 있다. 아직도 머릿속에 남아 있는 말 '부자가 되고 싶다면 부자의 뒤꽁무니를 따르라'라는 말이다. 처음에는 그 말의 뜻을 몰랐다. 부자가 되고 싶은데 부자의 뒤꽁무니를 따르라고? '부자가 되고 싶다면 부자를 직접 만나서 어떻게, 어떤 방식으로 부자가 되었는가를 묻던가 아니면 부자들이 쓴 책을 읽어라'라고 말했더라면 어쩌면 나는 그 말을 쉽게 이해했을 것이다.

책을 6개월 후에 반드시 다시 읽어야 하는 이유
······

부자들이 쓴 책이라는 조건이 붙는 자기 계발 책 한 100권쯤 읽다 보면 그 중에서 자신한테 가슴 깊이 와닿는 책이 있다. 그 책은 반드시 따로 보관하고 반복해서 읽어봐라. 내가 반복해서 읽은 인생책 몇 권이 있는데 그 책 중 하나가 바로 김승호의 《돈의 속성》이다. 그 책을 나는 10번은 넘게도 반복해서 읽었다.

처음 《돈의 속성》을 읽고 나는 돈에 대한 나의 태도가 사뭇 잘못되었음을 인정했다. 하지만 딱 인정하는 거기까지였다. 그리고 6개월 후에 나는 다시 그 책을 읽었다. 그런데 내가 처음 읽었을 때 발견하지 못했던 또 다른 부분을 다시 발견하기 시작했다. 세 번째로 다시 읽었을 때 나는 처음 한 생각이 완전히 잘못되었음을 후회했다. 그냥 인정에만 그친 것이 아니라 나의 과거를 전부를 지우고 싶을 만큼 후회를 하고 있었다. 그리고 책 한번 읽고 모든 것을 다 알았다고 자부한 어리석은 나의 생각이 부끄러워했다.

나는 그렇게 정작 알아야 할 책 속의 내용만 놓치고 산 것이 아니었다. 인생 살면서 중요한 몇가지는 놓히고 살았다. 왜냐면 중요한 것들을 반복해서 생각하지 않았기 때문이고 그것을 그냥 생각으로만 스쳐 지나갔기 때문이다. 가끔 이럴 때가 있지 않은가? "아, 그 생각 잠깐 했었는데 깜빡했어" 그런데 한번 생각해 보자. 아직 어린 애들이나 아픈 사람을 빼놓고 가나다라를 못 외우는 사람이 있는지? 구구단을 외우라고 하면 깜빡하는지? 한번 외워보라. 중요한 것들은 그렇게 달달 외워놓으면 잊혀지지 않는다.

깜빡했다는 것은 자신의 뇌에 입력단계를 거치지 않았다는 증거다. 이 깜빡한 단어가 과거의 나다. 정작 중요한 것들을 순식간에 잊어버리는 것이 나였다. 하지만 지금의 나는 그렇지 않다. 나의 목표나, 나의 삶을 윤택하게 해줄 단어는 나는 매일 반복해서 외우고 또 외운다. 노력 없이 얻어지는 것은 아무것도 없기에 진정 원하는 삶을 살고 싶다면 우리는 그렇게 어처구니없는 방법을 써서라도 외워야 한다. 어린아이들이 매일 한글을 쓰면서 연습하듯이 말이다.

어쩌면 진작에 내가 중요한 생각들을, 내 인생에 필요한 생각들을 지금처럼 하나씩, 메모해서 달달 외워서 습관이 되었더라면 지금보다 훨씬 앞당겨 좋아진 삶을 살았을 것이다. 살면서 가장 중요한 부분들을 놓치지 않고 나의 것으로 반드시 만들어야 한다는 일념, 그것은 삶뿐만 아니라 책 속의 내용 또한 마찬가지다. 그것을 온전한 나의 것으로 만들려면 1 대 6 대 12의 법칙으로 읽어라. 처음 읽고 6개월 만에 다시 읽고 12개월 후인 1년 후 다시 또 다시 반복해야 읽어야 한다. 그것이 내가 나의 인생을 바꿔 준 계기가 된 책들을 지금도 반복하고 또 반복해서 읽는 이유다.

책을 읽는 또 다른 방법
......

책 읽는 것이 지루할 수도 있고 시간이 없을 수도 있다. 나라면 없는 시간도 쪼개서 만들겠지만 사람마다 성격이 다 다르니 이 방법 추천한다. 그럴 때는 이런 방법을 써라.

오디오북 듣기

나는 출퇴근 시간에 읽어야 할 책이 있다면 오디오북을 듣는다. 유튜브에 책 읽어주는 채널은 의외로 많다. 그리고 잠자리에 누워 있을 때에도 오디오북을 틀어놓는다. 천천히 자장가처럼 듣다가 스르르 잠이 오면 그때는 완전히 끄고 잔다. 이 방법은 두 가지 효과가 있다. 하나는 책을 직접 읽지 않아도 들으면서 읽는 효과, 두 번째는 낮에 있었던 불쾌한 감정들을 해소해 주는 역할이다. 편안한 음성을 들음으로 인해 잡념을 없애주기 때문이다. 잔잔한 힐링 수면음악처럼 나의 불안한 감정, 불쾌한 감정에서 벗어주는 역할까지 하니 일석이조(一石二鳥)가 아니겠는가?

책의 핵심 문장을 찾고 메모하기

책을 한 장 한 장 꼼꼼히 다 읽을 필요는 없다. 어떤 책들은 읽다 보면 같은 맥락의 책들이 많기 때문이다. 책을 보면서 눈에 띄는 핵심 문장을 찾는 습관이 중요하다. 그 핵심 문장을 찾았다면 반드시 메모하고 외워라. 그 눈에 띄는 문장이 바로 나에게 비타민이 되어주고 나의 모자란 부분을 채워 줄 약이 되어준다. 책 한 권에 몇 줄이라도 자신이 알아야 할 것이 있다면 그것으로도 책 한권 읽기는 충분하다는 얘기다.

책에서 자신의 문제점을 찾아 해결하기

스스로 해결하지 못했던 문제의 답을 전문가가 아닌 주변 사람들에게 물어 엉뚱한 답을 들으면서 시간낭비를 하는 것보다 훨씬 효율적이다. 내가 주변 사람들에 묻지 말고 부자들이 쓴 자기 계발서를 읽으라고 하는 것은 주변 사람이 그 분야 전문가라면 다르겠지만 대부분 경험하지 못해서 주어들은 말이거나 별 뜻 없이 생각나는 대로 하는 말이기 때문이다. 최소한 부자들의 생각인 책은 이미 경험인 그 길을 지나서 그 과정에서 극복하고 해결한 방법들을 기록했기 때문이다. 그런 책을 읽는 것, 오디오북을 통해서 듣는 것, 중요한 것만 골라서 메모해서 읽는 것, 결국은 이런 방법들이 롱런을 한다.

매일 한 페이지씩 꾸준히 읽는 습관 들이기

책 한 권을 한꺼번에 다 읽는 것보다는 조금씩 나에게 맞춰서 읽는 것은 지루함에서 벗어나는 역할을 물론, 짧은 한 문장이라도 기억하기가 쉽기 때문이다. 하루 5분이라도 읽는 꾸준함이 쌓이면 엄청난 나비효과를 불러올 것이다.

그러고 보면 독서야말로 인생을 바꾸기 전에, 생각을 바꾸기 전에 가장 먼저 해야 할 일이다. 그다음으로 해야 할 일은 이 모든 것을 반드시 나의 삶에 적용시켜야 한다는 점이다. 책만 읽고 삶에 적용을 시키지 않는다면 색다른 일은 발생하지 않는다. 농부들이 새로운 과일을 탄생시키기 위해서 기존의 열매에 다른 것을 접목시키는 것과 같은 접목 효과다. 다른 사람의 좋은 생각을 나의 좋은 생각으로 합체하지 않으면 결코 다른 종류의 열매가 열리지 않듯이 좋은 결과는 발생하지 않는다.

작은 성공을 이룰 때마다 자신한테 선물하라

작은 성공을 서로 축하하라
......

하버드 경영대학원 교수인 테레사 M. 아마빌레 교수는 '긍정적 인식(Positive Perception), 즐거운 감정(Pleasant Emotion), 내재적 동기(Lntrinsic Motivation)'를 긍정적 내면 상태를 위한 세 가지 요소로 제시했다. 2022년 12월 8일 〈동아경제〉에 실린 아마빌레 교수의 이 기사를 봤을 때 나는 "그래, 내가 한 행동이 바로 이 세 가지 요소를 충족시키기 위한 것이었어"라고 공감했다. 내가 나에게 적용했던 방식이기 때문이었다.

과거의 나는 이 작은 성공의 축하가 발휘하는 힘을 몰랐다. 하지만 거듭난 실패와 사람들 간의 사이에서 벌어진 일들로 인해 끝이 보이지 않는 벼랑의 밑바닥까지 추락하면서 자존감, 자신감이 현저히 저하되었을 때 나는 이미 나락으로 떨어진 자신에게 스스로 손을 내밀어 잡아줄 수밖에 없었다.

"괜찮아. 여기까지 온 것만 해도 잘한 일이고 지금까지 살기 위해서 넌 최선을 다한 것뿐이야" 하고 자신을 위로했다. 처음 시작한 것은 위로였고 그다음은 칭찬이었다. "잘했어. 이 정도면 너 참 잘한 거야. 축하해." 처음에는 "그게 무슨 잘한 일이라고" 반박을 하다가 "그래도 잘했어" 하면서 자주 칭찬을 하니 조금씩 자존감이 올라오기 시작했다. 그리고 그 이후로부터 나는 그것이 사소한 성공일지라도, 아주 작은 성공일지라도 꽃다발이나 나에게 필요한 것을 선물했고 지어는 그동안 가보지 못한 곳으로 여행을 떠나기도 했다.

나는 1년에 두어 번씩 단기 여행을 한다. 여행을 하고 돌아오면 몸은 고단했으나 항상 즐거운 기분이 남아 있었고 그것이 더욱 분발하고 또다시 시작하는 시작점이 되기도 했다. 그것이, 스스로 축하하면서 선물하는 그 작은 행동이 나에게는 자존감을 회복하는 전화위복의 길이었다.

자신한테 맞는 축하방식
......

한 달에 200만~300만 원씩 빚을 갚을 때에도, 유튜브를 하면서 기껏해야 몇 회밖에 나오지 않던 조회수를 하루만에 몇천 회 목표를 달성했을 때에도, 매일 아침 6시에 30분씩 딱 일주일만이라도 운동하기에 성공하기 목표를 해냈을 때에도 나는 스스로 기꺼이 즐거운 마음으로 축하를 해줬다. 별것도 아닌 것 같지만 이 작은 축하의 힘은 자신한테 한낮의 뜨거운 햇살처럼 긍정적인 에너지를 발산해준다. 과거 다른 사람들의 생일이며, 개업식이며, 안면인식이 있다는 이유로 축하를 해줬지만 지금의 나는 나에게 가장 먼저 나에게 축하를 한다. 그것이 설령 5킬로그램의 살을 빼는 작은 목표라도 내가 이루고 싶은 목표라면 그 무엇이라도 "잘했어. 축하해"라는 이 두 마디는 꼭 해줬다.

실패했어도 자신한테 칭찬해 줘라. 실패했다는 것은 도전했다는 뜻도 되기 때문이다. 도전이 없었다면 실패란 존재하지 않으며 실패에 대한 공감능력이 없는 사람은 아무것도 해본 일이 없다는 뜻이다. 성공이라는 단어 뒤에는 항상 실패라는 경험이 뒷받침해 주니까. 그 사실을 인정하고 받아줘라. 도전했다는 그 자체는 언제나 아름다운 것이니까.

어느 한 빚을 진 사람이 빚을 갚으면서 자신이 조금씩 빚을 갚은 자신이 대견해서 빚을 갚기에 한 푼이라도 아껴 써야 하기에 아이스크림을 선물로 사줬다고 했던 얘기를 들은 적이 있다. 그러고 보면 나나 빚을 갚으면서 아이스크림을 선물로 사준 사람이나 테리사 아마빌레 교수의 말처럼 자신에게 긍정적 인식, 즐거운 감정, 내재적 동기를 자신감에서 무너져버린 자신을 일으켜 세우려고 스스로에게 적용했던 것이다. 그로 인해 어쩌면 자신감 회복이 더 빨랐는지도 모른다.

자신감이 없다면, 자신감이 현저히 떨어진 자신을 발견했다면 그것이 어떤 작은 목표 든 현재의 상황에 맞는 목표를 달성했다면 자신의 작은 성공을 스스로라도 축하해 줘라. 그 축하의 방식은 다양하지만 자신한테 맞는 축하의 방식을 선택하라. 그것이 즐거움은 물론 자신감 향상에 도움을 줄 것이다.

내가 주로 쓰는 축하의 방식은 아래의 방식이다.

첫 번째, 가장 좋아하는 음식을 먹는 방식
두 번째, 좋아하는 꽃이 꽂힌 꽃다발을 선물하는 방식
세 번째, 좋아하는 목걸이나 지갑을 선물하는 방식
네 번째, 좋아하는 여행을 떠나는 방식

평소 돈이 아까워서 하지 못했던 그것을 용기 내어 자신한테 기꺼이 투자하는 것이다. 처음에는 나는 꽃다발을 사는데도 돈이 아까워 망설였지만 작은 성공을 할 때마다 자신한테 선물을 하기 시작하면서 돈이 아깝다고 생각한 것은 과거 나 아닌 다른 사람들을 위해서 쓴 불필요한 돈 들이었다. 그러니 망설이지 말고, 머뭇거리지 말고, 태클을 걸지 말고 자신한테 투자하라. 당신은 그만큼, 아니 그 이상으로 받을 자격이 충분한 멋있는 사람이니까.

그것은 자신의 내면에 용기와 '또 한 번 더'라는 도전의 씨앗을 심어 스스로 괜찮은 사람임을 알게 해주는 일이며 그 작은 칭찬들이 하나하나 모여서 더 행복하고 긍정적인 그리고 이미 성공을 이룬 자신이 된다.

자신감 상승은 축하로부터 출발한다
······

특히 자신감이 떨어져서 "나는 왜 늘 이 모양이지?" 하는 사람들은 먼저 사소한 축하로부터 시작하는 것이 좋다. 왜냐면 가장 밑에 깔려 있는 자신을 원망하고 탓하는 생각을 스스로 잘하고 있다는 생각으로 바꿔야 하기 때문이다. 자신을 미워하는 마음은 위축되고 움츠러들기 마련이다. 그런 움츠린 마음을 다독이는 일은 그 누구도 아닌 바로 나 자신이다. 스스로 오른손으로 왼쪽 어깨를 다독이든가 가슴을 다독이던가 손으로 토닥토닥 해주면서 자신한테 "너 참 잘하고 있어" 하고 말해주라.

자신감 상승은 칭찬으로부터 출발한다. 그 어떠한 일이 일어났든지 간에 그것이 도박을 하는 일이거나 불법적인 일이 아니라면 자신을 탓하지 말고 반드시 칭찬해 줘라. 나는 매 순간에 최선을 다했다고 생각하라. 생각하면서 작은 것부터 이루는 습관을 만들어야 한다.

김민철 '야나두' 대표는 세바시 872회에서 강연 〈100% 성공하는 법〉에서 이렇게 말했다. 자신이 실패했을 때 '3분씩, 하루 세 번 양치하는 일'을 성공시키는 일부터 시작했다고 한다. 하루에 세 번 양치하는 것은 가능하지만 3분이라고 정해놓은 시간을 지키는 일은 어려운 일이다. 3분이라는 시간을 성공시키는 것이 핵심 키워드였고 그 작은 성공이 주는 긍정심이 다음의 성공을 위한 출발점이 되는 것이다. 그 작은 성공이 자신감을 준다면 그 작은 성공을 축하해 주는 것은 자신감을 상승시켜주는 일이다.

자신감 상승 효과를 보려면 자신의 하루 3분이라는 양치질을 성공시키는 것처럼 설령 그런 작은 성공이라도 충분히 축하해 주고 칭찬해 주라. 그 3분을 지키는 일만큼 대단한 일은 없다. 나 역시 스스로에게 약속을 자주 한다. 이번 주에는 다이어트에 성공해 2킬로그램을 무조건 빼야지. 야채만 먹고 소식을 해야지 하면서도 이튿날 지나면 그 일이 까마득한 먼 옛날 이야기가 되어버리니 말이다. 처음에는 나는 그런 일을 별로 대수롭게 생각하지 않았다. 내가 나에게 한 약속이니까 해도 그만하지 않아도 그만이라고 생각했었다. 하지만 곰곰이 생각해 보니 그런 작은 것 하나도 성공하지 못하는 자신이 큰 성공을 이룬다는 것은 과연 이치에 맞는 행동인가?

하지만 지금은 작은 성공을 먼저 해야 큰 성공이 온다는 문구를 입력하는 방식으로 자꾸 외웠다. 그러면 "이런 것 정도는 안 해도 돼" 할 때마다 "이런 작은 성공조차 못해내는 사람이 무슨 큰 성공을 한다고" 하면서 나 자신을 채찍질했기에 나는 그 3분 양치질의 위대함을 알고 있다. 그러니 작은 성공을 했다면 반드시 칭찬해 줘라. 그것이 자신감 상승의 배가법칙(倍加法則)이다.

좋은 인간관계를 만들어라

귀인(貴人)과 악인(惡人)을 구별하라
······

좋은 인간관계를 만들기 위한 첫 번째 조건은 귀인과 악인을 구별하는 일이다. 귀인은 행운을 열어주지만 악인은 불운으로 한 사람의 인생을 가로막는다. 귀인과 악인 두 사람을 만나다 보면 내면에서 물리적 힘이 일어나 사람을 분별하는 분별력이 생긴다.

나는 귀인과 악인을 잘 분별해야 운이 달라진다고 확신한다. 풍수건축가이자 역술가인 박성준 소장 역시 《운의 힘》(소미미디어, 2020)에서 귀인과 악인에 대해 비슷한 이야기를 들려준다. 그는 "맺어야 하는 인연과 버려야 하는 인연이 있다"라고 말한다.

나는 사람을 보는 일에 크게 실패한 바 있다. '귀신보다 사람이 더 무섭다'라는 말의 뜻을 절실히 깨달을 정도였다. 악연은 사랑하다 헤어진 후에도 끔찍한 만행을 저지르며 귀인은 아픈 사람한테

다가와 먼저 손을 내밀며 도와준다. 어떤 인연을 만나느냐에 따라 재산을 탕진하는 경우도 있고 돈 부자로 승승장구하는 경우가 있다. 인연이란 살아감에 있어서 매우 중요하다.

예를 들어 친구랑 만났는데 "너는 왜 그러니? 너는 이러한 게 나빠. 고쳐야 돼" 하는 식으로 자주 말하는 친구는 멀리하라. 그런 친구는 상대방에 대한 배려가 없고 자기 자신의 주장만 옳다고 생각하는 사람이다.

좋은 일보다는 몸을 망치는 그릇된 습관에 자주 동참시키는 사람, 자기 자신을 아낄 줄 모르고 상대방이 하는 진심 어린 충고에 기분 나쁘다며 그런 사람을 왜 만나냐고 말리는 사람, 자기 계발과 공부를 위한 투자를 했는데 응원과 축하는 하지 못할망정 "네 형편에 무슨 공부니?"라고 말하는 사람은 피해라. 그 사람은 당신이 가진 남은 에너지마저 다 탕진하게 만드는 사람이다.

특별한 사정 없이 일부러 약속을 어겨 상대방의 시간을 빼앗는 경우나 은근슬쩍 비꼬는 말투에 기분 나쁜 상대가 있다면 과감히 그 상대를 정리해야 한다. 그런 관계를 만나지 말아야 하나 고민하는 순간부터 이미 에너지는 소모되고 있으며 단절된 관계와 마찬가지며 그 관계를 지속해도 결과는 상처가 될 뿐이다.

돈 관계가 깔끔하지 못한 사람도 걸러야 한다. "내일 줄게, 모레 줄게, 오늘 오후 2시 30분까지 줄게" 하면서 상대방 애간장을 태우면서 약속을 매번 어기는 사람은 두 번 다시 만나지 말아야 할 일순위다. 고통과 상처를 주는 사람은 상대의 에너지를 한 올도 남기지 않고 소멸시키는 사람이며 이런 사람은 상대는 물론이고 당사자인 자기 자신마저도 폐인으로 만들 가능성이 크다.

"당신을 폐인으로 만들 사람과 계속 살고 싶은가요?"
······

나는 커피숍을 운영할 당시 자주 오는 사람과 인생 살아가는 이야기를 주제로 대화를 주고받기도 했다. 그중에서도 기억이 남는 몇몇 사람이 있는데 그중 한 사람이 60세가 된 여성분이었다. 그녀는 눈가에 시퍼렇게 멍이 든 채로 남편과 이혼을 해야 하는지 계속 살아야 하는지 하는 질문이었다. 그렇게 묻는 사람은 80%는 이혼할 생각이 없는 사람이다. 왜냐하면 이미 그 질문에 "나는 그래도 이혼하고 싶지 않아요. 방법을 찾아주세요" 하는 속내가 포함되어 있기 때문이다. 나에게 부랴부랴 쫓아와 질문한 그분은 다리를 절고 있었으며 그렇게 자신의 마음까지도 멍들어 가고 있는데도 선택의 갈림길에 서 있었다.

나는 그분에게 당장 말했다. "당신은 당신의 에너지를 소모시키는 사람이나 당신의 소중한 시간마저 빼앗는 사람과 인연을 더 이어가고 싶은가요? 당신을 폐인으로 만들 가능성을 가지고 있는 사람과 계속 살고 싶은가요? 당장 생각을 바꾸십시오. 그리고 당장 그 시간에 책 한 권을 사서 읽으십시오."

사랑하는 사람과 헤어졌는데 아직도 미련을 못 버리고 질척대고 있는가? 미련 끊자. '더 좋은 상대를 만나라는 뜻이다'라는 문장을 뇌에 입력하고 열심히 책을 읽고 또 읽고 내공을 쌓아라. 그 분야 쪽으로 추천할 만한 책은 하태완의 《모든 순간이 너였다》(위즈덤하우스, 2018), 소윤의 《작은 별이지만 빛나고 있어》(북로망스, 2021), 글배우의 《괜찮지 않은데 괜찮은 척했다》(강한별, 2020)를 추천한다. 이 외에도 도움이 될 책들이 얼마든지 있다.

반드시 만나고 싶은 사람을 기록하고 입력하라
······

긍정적이며 항상 진정한 웃음으로 대화하는 사람과 함께 있으면, 그 사람의 긍정적인 에너지를 받아 충전할 수 있다. 그런 사람들은 "잘했어, 그럴 수도 있지. 살다 보면 그런 일도 있을 수 있는 거야" 하면서 나쁜 일들도 수월하게 넘길 수 있도록 옆에서 거들어 준다. 그런 사람과 함께하면 하루 종일 수다를 떨어도 웃음이 그치질 않는다. 이럴 때 자신감은 물론 에너지도 상승된다. 책 한 권이라도 읽는 사람, 상대방의 말을 조금이라도 들으면서 공감해 주는 사람, 쉬는 날이면 산책이라도 할 줄 아는 사람, 그런 사람은 상대방의 얘기를 들어줄 줄 아는 사람이며 모든 것을 긍정적으로 받아들일 줄 아는 사람이다.

법정 스님은 "함부로 인연을 맺지 마라"라고 말했다. 우리는 매사에 인연을 잘 구별해야 한다. 그러자면 사람 보는 눈, 즉 안목을 키워야 한다. 사랑에 빠져서 상대가 잘못된 인연임에도 불구하고 허우적거릴 때 우리는 콩깍지가 씌었다고 하며 그 콩깍지가 벗겨

지면 '내가 그때 왜 그랬지?' 후회를 하며 상대를 잘 볼 수 있듯이 우리는 우리 눈에 옷깃만 스쳐도 인연이라는 지금껏 잘못 씌어진 콩깍지를 벗겨내야 한다.

그러나 폭행을 당하면서도 이혼을 고민하던 앞의 여성분의 사연은 콩깍지에는 해당 지 않는다. 그것은 몇십 년 동안 함께 살아온 흔적이고 습관이다. 이미 자신의 주장을 하기보다는 폭언하고 폭행하는 타인의 방식에 길들어져 있기 때문이다.

그 사람을 알려면 그 사람의 주변 사람을 보라는 말도 있다. 인연은 자기 인생의 성패를 가름할 만큼 중요하다. 그 사람이 곧 자신의 인생 살아가는 데 파트너이기에 그만큼 중요하다고 재차 강조한다. 그럼 친구는? 친구도 마찬가지다. 친구 또한 인생을 살아가는 데 중요한 파트너이기에 진정한 친구를 사귀는 일은 100권의 책을 읽는 것보다 더 어려운 일이라고 나는 생각한다. 나는 인연을 만드는 나만의 기준을 정리해 놓았다.

나의 인연을 만드는 기준

- 약속시간과 자신이 한 말에 책임을 잘 지키는 사람이어야 한다.
- 긍정적인 사람이어야 하며 부정적인 대화를 하는 사람은 거리를 두거나 차단시킨다.
- 언어 표현이 적절한 사람과는 유대관계를 유지하나 대화 중에 폭언하거나 느끼한 성적 발언이 한마디라도 들어간 사람과는 단절한다.

- 책이나 여행을 가까이 하는 사람이어야 한다.

술, 담배, 도박 등에 '적당히'라는 절제를 모르고 매일이다시피 그것들을 가까이 하는 사람은 제외 대상이다. 나는 술이나 담배와는 거리가 멀고 도박이나 게임은 아직까지 해보지 못했다. 게임이라면 다른 사람들이 한창 열광하니 무슨 프로그램인가 싶어서 온라인 게임 한두 번 정도 해본 적은 있지만 돈까지 탕진하는 그런 도박은 아예 손에 대본 적도 없거니와 그럴 돈이 나에게 있다면 나는 그 돈으로 다른 일을 추진할 것이다.

이 모든 단계를 다 완수하고 나면 남은 것은 자신을 위한 행동을 하는 것이다. 내가 먼저 약속을 잘 지키는 사람이 되어야 하고 긍정적인 사람이 되어야 하며 스스로 멋진 언어, 아름다운 언어를 써야 한다. 그리고 내가 먼저 책을 읽은 사람이 되어야 하며 내가 먼저 밝은 미소를 띠는 사람이 되어야 한다. 이것이 곧 나를 갖추는 나에 대한 세팅이며 나의 주변 인연에 대한 세팅이다.

나의 주변 사람들이 결국 나의 인생을 좌우한다
······

내가 잘될 건지 못 될 건지 아는 방법은 단 하나다. 그것은 바로 나의 주변 사람들이다. 나의 주변 사람들이 잘 살고 있다면 나 역시 잘 살고 있다는 증거이며 주변 사람들이 가난하거나 방탕하다면 나 역시 그런 삶을 살거나 곧 살게 될 것을 암시한다고 보면 된다.

"주변에 그런 사람이 없는데 이떡하나요?" 이런 질문을 해오는 이들이 있을 것이다. 그런 인연은 라면을 끓이는 것처럼 뚝딱 한순간에 만들어지지 않는다. 찐빵을 만드는 것처럼 긴 시간 발효를 하고 숙성을 다 하면서 기다라다 보면 어느 순간 찐빵을 찌는 시간, 즉 타이밍이 오게 된다. 기다리는 시간에 자신을 최선을 다해 스스로를 레벨 업 시켜라. 주변 사람들이 자신의 값진 인생을 흐트러뜨려 놓지 못하게. 자신의 삶은 자기 스스로 가꾸면서 지키는 것이다. 동아리도 좋고, 취미생활을 공유할 모임도 좋다. 그런 곳에 가면 자연스럽게 새로운 인연과 어울리게 되며 그러다 보면 좋은 운, 좋은 인연이 오는 자동 시스템을 만드는 것이다.

좋은 인간관계가 좋아지는 삶을 만들 듯이 행운을 주는 사람들을 만나 좋은 관계를 유지하자. 인간관계란 나 혼자서 잘해서도 안되며 상대방만 잘해서도 되는 일이 아니다. 인간관계란 서로가 존재함으로 쌍방인 서로가 편해져야 하는 관계다. 그 관계를 유지하는 다섯 가지 방법을 소개한다.

첫 번째, 경제력이나 돈 자랑은 금물이다. 한 사람은 돈이 많고 한 사람은 돈이 적다면 상대의 상황에 따라 불편해질 수도 있다.

두 번째, 상대방의 말을 진심을 다해 들어라. 충고 역시 금지사항이다. 내가 그 분야 전문가가 아니라면 그 분야에 도움이 될 만한 사람을 소개시켜주는 정도에서 그치거나 함께 그 분야를 연구하는 것에 동참을 하거나이다.

세 번째, 특히 약점이 될 만한 것을 공유했을 때, 특히 비밀을 공유했을 때 그 뜻을 존중해 줘야 한다. 그 말을 제3자에게 옮기는 순간 그 인간관계는 이미 부정으로 물든다. '설마 알겠어?' 하고 방심하지 마라. 세상에는 비밀이란 존재하지 않으며 더욱 비밀이라면서 "너만 알고 있어" 하는 말은 존재하지 않는다. 결국 "비밀이야. 아무한테도 말하지 말랬어"라며 다른 사람에게로 연쇄적으로 새나간다.

네 번째, 서운하다면 그 자리에서 직접 말하고 대화로 마무리 짓고 나중에 들춰내지 말아야 한다. 이 세상에 실수를 하지 않고 사는 사람이 없기에 상대방의 잘못은 지적이 아니라 감싸안아 주어야 한다.

다섯 번째, 잘된 것은 질투 대신 칭찬해 줘야 한다. 좋은 인간관계는 어려운 것이 아니라, 내가 어떤 마음으로 어떤 인연을 만나느냐에 따라 달라진다. 그리고 그 좋은 인간관계가 인생을 살아가는 데 든든한 버팀목이 되어줄 좋은 파트너가 된다.

차이 나는 생각이
결국 성장하는 사람을 만든다

차이 나는 생각에서 성패가 갈린다
......

나는 살면서 필요한 생각을 하지 않는 사람이 90% 정도 된다고 생각한다. 나 또한 평소에 하는 생각을 메모해 보면 불필요한 생각들이 너무나 많다. 우리는 삶에 필요한 생각을 하기에도 바쁘다. 하루 24시간 중 7~8시간 수면 시간, 밥 먹고 휴식하는 시간을 2~3시간 정도 빼면 우리가 실질적으로 사용하는 시간은 13~15시간 정도밖에 되지 않는다. 그 시간에 하는 생각의 차이에서 성패가 갈린다. 어떤 생각을 하느냐에 따라 삶은 완전히 달라진다.

차이 나는 생각을 가져오기 위해서는 먼저 마음을 먹고 준비하고 시작해야 한다. 그리고 시작한 일을 꾸준히 해내는 습관이 중요하다. 이때 '끌어당김의 법칙'과 적절한 동기 부여를 사용해서 자기계발을 이뤄야 한다. 살다 보면 힘든 일도, 어려운 일도, 닥치기 마련이다. 하늘도 비 오는 날이 있고 눈 오는 날이 있고 바람이 부는 날이 있듯이 무엇을 하든, 하는 과정에서 난관이 오기 마련이다. 힘들다, 안 된다 불평불만하지 마라. 누구에게나 존재하는 원래 그런 일이 있기 마련이라고 당연하다고 생각하라.

한 20대 젊은 남성이 나에게 이렇게 말했다. "사귀던 여자친구가 군대에 간 사이 배신했어요. 취직도 잘 안 되고 쓸 돈조차 없어서 힘들어요. 죽고 싶어요" 나는 그에게 이렇게 말했다. "살다가 이혼하는 것보다는 훨씬 낫지 않아요? 이제 나에게 올 여자가 이혼하지 않고 평생 함께 살수 있는 여자를 만날 기회라 생각하면 어때요? 취직은 이제부터 하면 되죠. 취직이 안 되면 나는 직장에서 일할 사람이 아니라 사업해야 할 운을 지닌 사람이구나 하고 생각해보세요. 그러면 훨씬 살맛이 나지 않을가요?" 농담 삼아 반 우스개로 얘기를 했더니 그 남성은 사뭇 진지한 표정으로 "아, 감사합니다"라고 했다.

나뭇잎도 가을이 되면 나무에게서 떨어져서 자신이 갈길을 가는 것처럼 만남이 있으면 헤어짐이 있는 것은 자연의 법칙이다. 그냥 당연하게 받아드리면 괴로울 일도 힘들 일도 없다. 내가 실패도 하나의 경험으로 받아들이는 것처럼 힘들면 그냥 나 자신이 지금 힘든 상태까지 왔구나 알아차리면 힘든 상태에서 벗어나는 것은 쉬운 일이다.

내가 이런 것을 자꾸 반복해 쓰고 있는 것은 우리의 생각은 한번 듣고 기존의 생각을 바꾸기에는 역부족이기 때문이다. 반복에 또 반복해서 뇌에 입력해야 한다. 내가 실패를 여러 번 하면서 체감한 것은 어떤 생각을 어떻게 하느냐가 매우 중요하다는 것이다. 똑같은 생각이 아니라 차이 나는 생각이 삶의 성패를 가른다.

생각을 바꾼다는 것은 성장의 다른 의미
······

부자가 되겠다고 마음먹는 사람이 10%도 안 된다고 한다. 나머지 90%는 "예이, 언제 부자가 돼? 난 이 정도면 충분해. 이번 생은 글렀어" 하고 미리 단정을 짓기 때문에 부자가 될 수 없다는 확신에 차 있기 때문이다. 몇 년 전까지만 해도 나는 부자란 먼 나라의 고려시대 왕들의 이야기라고만 생각했다.

'돈이 하늘에서 뚝 하고 그냥 안 떨어지나? 그러면 쇼핑하고 맛있는 밥 먹고 취미생활이나 하면서 매일 놀 텐데', '로또 1등 당첨 안 되나? 그럼 놀고먹어도 되는데. 아, 언제까지 일만 하고 사나? 놀고 싶다', '돈만 많았으면 이렇게 살지 않았을 텐데'라고 그렇게 돈을 바라면서도 한 번도 부자가 되어보겠다는 생각은 감히 못했다.

'돈 없는 내가 무슨 수로?', '아이들을 키우기에도 빠듯한 시간에 무슨?' 하지만 연속적인 실패 앞에서 결국 벼랑 끝까지 와서야 더 이상 돌아설 길이 없을 때 결국 모든 생각을 바꾸게 되었다. '무조건 부자가 되어야겠다', '그 어떠한 방법을 써서라도 나는 부자가 되어 경제적 자유를 이루고 내가 하고 싶은 일에 집중을 해야겠다', '돈만 많았더라면 아니라, 이제부터는 무조건 돈이 많아야겠다'라고 다짐했다.

처음에 나는 부자랑 나와는 정말 먼 거리라고 느꼈지만 지금은 전혀 그런 생각을 하지 않는다. 마음먹기에 따라 모든 상황은 현저히 바뀌었다. 처음에는 까마득한 나와는 상관없는 남의 미래라 생각했지만 지금은 현재의 나는 어떻게 해야만 경제적 자유을 이룰 부자가 될까에 오직 초점을 맞추고 있다. 요즘 주식도, 부동산도 하락장이라고 하지만 정작 손해를 보는 그 사람들은 주식이나 부동산을 다시 안하는 것이 아니라 그래도 한다는 것이다. 부자들은 실패를 하면서도, 손해를 감수하면서도 다시 도전하지만 일반 사람들은 손해를 보는 것이 두려워서 피한다는 것이다.

재작년 나는 딸에게 주식통장을 따로 만들어주면서 우선 주식을 시작으로 경제공부를 해보라고 했다. 딸아이는 나에게 "엄마, 주식하면 망한대"라고 했다. 나 역시 몇 년 전까지만 해도 그 말을 믿었다. 하지만 '주식해서 성공한 사람'도 있다. 그 대표적인 예로 '주식농부' 알려진 박영옥이나 전 메리츠 대표였던 존리 등이다. 책을 읽으면서, 뉴스나 신문을 보면서 이미 완전히 바뀐 생각을 가진 나는 딸아이에게 이렇게 말했다. "그건 해보지 않는 사람들의 말이야, 부자들은 망하면서도 또 하거든. 왜냐면 그 사람들은 그 속에서 이익을 찾거든. 그런데 일반 사람들은 '망한다'면서 아예 시도조차 하지를 않아. 모든 장사나 사업에는 손해만 있는 것이 아니라 이익도 있다는 것만 알면 돼."

어쩌면 우리는 손을 보면서 뒤집어진 손등만 보고 말하는 습관이 있는지도 몰랐다. 손에는 손등만 있는 것이 아니라 손바닥도 존재했다. 실패한 사람의 이면에서는 성공한 사람이 존재한다는 것이다. 요즘 뉴스에 나오는 어떤 사람이 직장을 다니다가 과로로 쓰러져서 죽었다고 하는데, 당신은 "직장 다니면 과로사로 죽는대"라는 말 때문에 아예 직장 생활을 하지 않고 있는가? 성공한 사람들의 책이나 사연들을 보면 모든 일을 시작하거나, 다시 도전하거나 하는 일에 시간은 몇 년씩, 오랜 시간 걸릴 수도 있겠지만 그래도 도전한다는 것이다. '망한다'라는 생각을 '그래야 성공한다'라고 바꾼다는 것은 어쩌면 또 다른 성장을 하기 위한 과정이기도 하다.

압박감, 그것은 성장통이다

······

요즘 나의 생각은 매일 자신을 압박하는 데서부터 시작한다. 이 책을 쓰기 시작한 시점에도 잘 써야 한다는 압박감, 유튜브를 하면서도 잘해야 한다는 압박감, 하지만 그런 압박감이 없으면 성장할 수가 없다. 그리고 이 일이 끝나면 해야 할 일들을 준비하면서 자신을 더욱 압박한다. 빨리, 그러나 정확하게. 그 압박감이 성장통이다.

성장 과정에서 일어나는 성장통은 부자든 사업이든 뱃속의 아기든 직장인이든 그 누구를 막론하고 다 겪게 되는 필수 과정이다. 애벌레도 탈피를 할 때 그냥 하지 않는다. 달걀이 병아리가 되는 과정을 보라. 그냥 이뤄지지 않는다. 곤충이나 동물이나 사람을 막론하고 모두 성장하는 과정에서 진통은 오기 마련이다.

　내가 지금 하고 있는 유튜브를 예를 든다면 이런 과정을 거칠 수 있을 것이다. 우선 첫째, 유튜브 영상을 만들어야겠다는 생각을 하고, 두 번째로 원고 작성하고 영상 편집하는 행동을 한다. 세 번째 단계로는 반복해 영상을 올리는 것이 습관이 될 것이고 네 번째로는 결국 생각이라는 하나의 채널이라는 결과를 낳게 된 것이다.

　이 과정에서 일어나는 일들이 바로 성장통이다. 이 과정에 싫든 좋든 상관 없이 기획을 해야 하고 영상을 편집해야 하고 또 반복해서 올려야 한다. 그러려면 모든 것은 생각이라는 긴 통로를 통해야 한다. 그리고 '꼭, 반드시'라는 단어가 떠오를 때 한 번 더 성장한다. 나는 과거에는 해도 그만, 안 해도 그만, 그랬다. 가게를 시작할 때에도 돈을 벌어야 하니 해야 된다는 생각으로 시작을 했다. 하지만 지금 다시 시작해야 한다면 나는 반드시, 꼭 이렇게 해야 한다는 욕심이 있다. 욕심에는 내가 하고자 하는 결심력이 있다. 그 욕심을 내는 결과에 따르는 것은 바로 한단계 성장의 의미다.

SPET 성장이론
......

　SPET란 '짧게(Short)', '정확하게(Precisely)', '알기 쉽게(Easily)', '생각(Thingking)하라'라는 약자다.

　성장하는 과정에는 여러 가지 요소가 포함되어 있다. 그 중에서도 나는 첫 번째로 S인 '짧게(Short)' 생각하라이다. 너무 오래 동안 생각하다보면 정작 여러 가지 생각으로 인해 정작 중요한 것은 놓치는 수가 있다. 그러니 짧게, 단호하게 하는 생각이 중요하다. 그 다음 두 번째로는 P인 정확하게(Precisely)이다. 짧게 한 생각을 정확하게 분석해야 한다. 정확도가 높지 않다는 것은 불확실하다는 증거다.

세 번째 E인 알기 쉽게(Easily)이다. 나도 이해하기 어려운 것은 타인도 이해하기 어렵다. 그러니 타인을 설득하거나 자신을 설득하는 일에도 이해가 가도록 기획해야 한다. 네 번째 T인 생각(Thingking)이다. 아름다운 꽃을 꽂기 위해 존재하는 것이 꽃병이듯이 위 세 가지를 받쳐주는 힘은 바로 생각이다.

SPET 이론을 적용하면 좋은 점을 세 가지로 요약한다. 가장 첫 번째 하고자 하는 의욕이 생긴다. 두 번째 자신에게 필요한 많은 레퍼런스(Reference)를 찾는 힘과 지식 성장이 생긴다. 세 번째 그로 인해 더 나아진 자신을 발견하며 성장한다.

6장

생각 진화(進化)의
법칙

마흔, 일단 무작정 시작하는 법

일단 시작하라, 잘하고 못하고는 그다음 문제다
······

　내 나이 마흔이 넘었다. 무섭고 두렵다. 첫 번째는 여기서 무너지면 더 이상 일어서지 못할 것 같은 생각이 들기 때문이고 두 번째는 이 나이에 다시 시작해도 될까 하는 생각 때문이다. 하지만 그두 가지의 생각보다는 무엇을 하든 일단 시작해야 된다는 것이 더 강력한 메시지로 와닿았다.

　문득 한비야의 《그건 사랑이었네》(푸른숲, 2009)의 한 구절이 생각난다. "따지고 보면 늦깎이라는 말은 없다. 아무도 국화를 보고 늦깎이 꽃이라고 부르지 않는 것처럼. 사람도 마찬가지다"라는 문장이 그것이다. 마흔, 늦깎이가 아니다. 시작하자. 시작해야 죽이 되든 밥이 되든 한다. 죽이 되면 다음에는 물양을 적게 조절해서 다시 하면 되고 된밥이 되면 물양을 늘어서 내가 먹고 싶은 밥으로 만들면 된다. 한꺼번에 모든 것이 완벽하게 이루어지지 않는다.

윤석금 웅진그룹 회장 역시 영업 사원으로 시작해 웅진그룹을 창업한 뒤 재계 순위 30위권까지 올려놓지 않았던가? 스노우폭스 회장인 김승호는 가난의 대물림을 끊기 위해 7전 7패 경험을 딛고 일어나지 않았는가? 그러니 일단 시작이 먼저다. 내가 좋아하는 토마토 역시 수확하고 싶다면 토마토 씨앗을 심는 것이 먼저다. 심지 않았는데 토마토 씨가 발아가 되는 일은 없다. 심었다 해도 온도에 따라 햇빛에 따라 발아되는 데도 영향이 미치는데 애시당초 시작도 하지 않고 잘될까, 안 될까 걱정만 하고 있다면 이것은 하지 않기만 못하다.

빵을 만드는 일도 마찬가지다. 빵을 만들겠다는 생각을 했으면 반죽을 하면서 시작을 해야 완성된다. 반죽을 분할하고 오븐에 굽는 과정은 그다음 문제다. 빵 얘기가 나와서 하는 말인데 나는 제과제빵학원에 다녔다. 커피숍을 운영하면서 디저트가 필요했기 때문이고 그냥 디저트를 만들기 위해서 배워야 하겠다는 생각에 그냥 배운 것뿐이다. 하지만 해야 할까 말까를 망설였다면 나는 빵을 굽는 법을 배우지 못했을 것이다. 거기서 나는 프랑스로 유학을 다녀온 제빵 선생님을 만났다. 그분은 케이크 굽는 것을 참 잘 가르쳐주셨다. 손재주가 있다면서 오후에 따라 남아서 케이크를 만들어서 기부하는 데 동참하기도 했다.

내가 커피숍을 차렸을 때 생크림와플을 디저트로 내놓자 생크림와플을 찾는 손님들이 많아졌다. 생크림의 비율 비법을 그 선생님한테서 배웠기 때문이다. 아니, 배움에서 그치지 않았다. 그때 나는 케이크를 만들기 위해 산 재료만 해도 무지 많았고 거의 3개월 내내 케이크를 만들고 생크림과 버터크림을 휘핑해 데코하는 데에만 집중해 있었으니 그 노력의 결과였다. 무엇이든 시작하라. 시작해야 완성이 있다. 잘하고 못하고는 그다음의 문제다.

시작했다면 그 분야로 꾸준히 공부하라
......

시작했다면 그 분야의 책을 꾸준히 읽어라. 읽고 행동하고 또 연습하면서 모든 것이 완벽해진다. 제빵 얘기를 좀 더 해야겠다. 내가 등록한 제과제빵 수업은 실기반이라서 케이크데코레이션 과정은 커리큘럼에 없었다. 그러나 나는 초콜릿 마스터, 케이크 디자이너 자격시험 문제집을 사서 직접 공부했다. 그리고 우리 학원의 프랑스 유학파 선생님에게 카톡으로, 때로는 학원에서 계속 졸라서 케이크 데코레이션 피드백을 받았다.

나의 노력이 가상했는지 그 선생님은 웃으면서 "저거, 그냥 날로 먹으려고 하네. 이거 나 프랑스 유학 가서 배운 거야. 케이크 데코레이션하는 데 빠져서 프랑스 유학 갔거든" 하시면서도 모든 것을 다 전수해 주셨고 자신이 아끼는 그리고 자신이 직접 레시피를 수정하면서 완성한 메모가 가득한 노트와 《집에서 만드는 똑똑한 샌드위치》(Patissier, 비앤씨월드, 2007)라는 책을 선물로 주셨다.

그렇게 책에 나온 레시피와 나만의 레시피로 케이크를 만들면서 굽다가 탄 적도 있었고 버터에 반죽을 많이 넣어서 케이크가 제대로 부풀지 않은 적도 있었다. 제대로 식히지 않고 데코레이션을 빨리 완성해야 한다는 급한 마음에 생크림을 휘핑해 데코를 했는데 찬 생크림과 아직 덜 식은 빵이 만나서 딱딱한 빵으로 변한 경우도 있었다. 그중에서 내가 제일 좋아하는 향인 커피향으로 모카케이크를 만들려고 많은 시간을 공들였다. 그 빵에 어울리는 커피향 버터크림과 커피원두콩 모양의 데코 디자인을 만들면서 많은 시행착오가 있었다. 나중에는 크림을 비롯한 재료 전부를 버린 적도 있었다.

　포기하고 싶은 순간은 언제나 늘 있었다. 무슨 일을 하든 항상 포기하고 싶은 순간이 존재했다. 그렇다고 버렸을까? 그렇다고 포기했을까? 아니었다. 결국은 며칠 후 다시 재료를 사서 완성했다. 그렇게 케이크를 비롯한 몇 개의 디저트가 완성되었다. 완성은 그렇게 되는 것이었다. 포기하고 싶은 그 다음 찰나에. 그러니 시작했다면 그 분야로 꾸준히 공부하라. 결실은 꾸준히 한 다음에, 그 다음 단계를 이겨내고 낸 그 이후에 나타난다. 틀렸다는 것은 문제를 다시 풀라는 문제고 오류가 났다는 것은 고치라는 얘기니 틀렸으면 맞을 때까지 다시 풀어서 도전하고 이겨내라.

그리고 한 단계씩 계속해서 나아가라
······

　완벽해졌다 해도 다 완성된 것은 아니다. 여기서 한 가지 가장 힘든 일은 나의 생각을 바꾸는 일에서부터 시작된다. 할까 말까? 망설임에서 해야 한다는 생각을 바꾸는 일로부터. 무조건 해야 한다고 바꿔야 하며 바꿨다면 일단 시작하고 무조건 계속해서 나아가라. 나아가다 보면 힘든 문턱은 자동으로 오기 마련이고 그 힘든 일은 해내고 나면 이미 작은 성공이라는 산 하나를 넘은 것이다.

그렇게 디저트 완성이라는 산 하나를 넘고, 그다음은 1억이라는 산을 넘고 2억이라는 목표 달성의 산을 넘고 최종 자신의 목표를 설정한 산에 오를 때까지 계속해서 나아가면 끝은 있기 마련이다. 그것이 벼랑 끝이든 성공의 꼭대기든. 벼랑 끝이라면 벼랑 끝까지 온 이유가 있을 터이니 그 원인을 잘 살펴서 파악하고 생각하며 한 단계 나아가고 성공의 꼭대기라면 자신이 원하는 삶을 계속 살면 되는 것이다.

케이크를 만드는 일이든, 가게를 하는 일이든, 유튜브를 하는 일이든 여러 번 실패를 하면서 알게 된 것은 꽃이 말 못하고 그냥 핀 데도 이유가 있듯이, 세상의 모든 것들은 그 어떠한 이유로 연결되어 있다는 것이었다. 오늘은 어제 한 생각이 한 이유가 되어 맞이한 것이고 오늘의 생각은 다시 내일로 다가와 성공과 실패를 가르는 이유가 되듯이 실패라는 빵이 굽혀지는 데에도 다 이유가 있다는 것이다.

뭔가가 잘못되었다면 포기가 아니라 그 이유를 찾아내는 것이 한 단계 더 나아가는 것임을 증명하는 일이다. 지금 우리는 배워가는 단계이기에 아직 자신이 원하는 성공을 하지 않았을 뿐이며 노력의 결과가 아직 현실에 드러나지 않았을 뿐이다. 아니, 밥도 뜸을 들여야 완성되듯이 노력의 결과가 조금씩 드러나면서 지금의 성공을 만드는 과정이 되는 것이다.

그러니 조금씩이라도 계속 나아가라. 나아가다 보면 길은, 내가 가야 할 길은 열리는 것이 아니라 그렇게 움직이고 행동하고 연습하는 과정에서 만들어질 테니.

인생 수정 보완의 법칙

자신의 인생을 기획하라
······

300페이지 정도의 책을 한 권 쓰기 위해서는 기획부터 목차 쓰기, 원고 초고, 원고 수정, 편집, 출판이라는 6단계를 거친다. 이 과정은 몇 개월에서 심지어는 몇 년까지도 걸린다. 100세 시대라 가정했을 때 우리의 인생은 낱장으로 만들면 몇 페이지 정도가 나올까? 1일을 한 장으로 계산했을 때 1년은 365장, 100년이라면 36,500페이지가 나온다. 그것도 윤달을 제외하고도 말이다.

그렇다면 자신의 인생은 몇 단계에 거쳐 최종 완성을 해야 할까? 사업계획서며 자기소개서며 많은 것을 써도 자신의 인생에 대한 기획서를 쓴 사람은 1%밖에 없다. 몇 년 전까지만 해도 나 역시 한 번도 기획해 본 적이 없는 인생이다. 하지만 나의 생각 비전을 키우기 위해 완전히 다른 삶을 기획해 보기로 했다. 나의 인생 기획 중 하나는 책을 쓰는 일이며, 다음 기획안 역시 준비되어 있다. 앞으로도 순서대로 차근차근 진행이 될 것이다.

책 쓰기에서 목차가 정해져 있으면 쓰는 것이 쉽듯이 자신이 하고자 하는 일이 순서대로 잘 기획되어 있으면 진행하기 쉽다. 이걸 해야 할지 저걸 해야 할지, 이게 잘 되는지 저것이 잘 되는지 고민할 필요가 없다. 왜냐하면 고민은 이미 기획 단계에서 끝났기 때문이다. "인생이 기획사냐? 무슨 뚱딴지 같은 소리야"라고 할 사람도 있겠지만, 요리를 하기 위해서는 미리 재료를 준비하고 순서도 정해서 조리하듯이, 지금보다는 더 나은 삶은 위해서는 반드시 기획이 필요하다.

분명한 것은 어느만큼 기획하냐에 따라 우리의 삶이 좌우된다는 것이다. 우리는 누구나 열심히 산다. 열심히 사는 일은 그리 어렵지 않다. 나 역시 실패를 하면서까지 열심히 살아온 사람 중의 한 사람이며 나의 아버지 역시 공장에서 일하시다가 돌아가실 만큼 열심히 산 사람 중의 한 사람이다. 하지만 딱 거기까지다. 열심히 산 사람들은 지금도 그냥 열심히 일하면서 사는 사람 중의 한 사람에 불과하다.

반대로 기획하고 정확하게 움직인다면, 이것은 열심히 사는 것과는 완전히 차원이 다르다. 기획하고 정확하게 움직인 사람들의 90%는 부자가 되어 있었다. 당신은 어느 쪽을 선택하겠는가? 나는 후자다. 같은 선택을 하고 싶다면 망설이지 말고 자신의 인생을 기획하라. 다음과 같은 방법으로 인생을 기획할 수 있다.

첫 번째, 자신의 원하는 방향을 정확하게 알아라.

두 번째, 목표를 하나하나 구체적으로 세워라.

세 번째, 어떤 방법으로 어떻게 실행할지를 더 구체적으로 더 간단하게 기획하라.

어느 책이든 장과 각 항목의 글로 분리해 내용이 정리되어 있다. 각 글 안에서는 또 다른 제목 아래 내용이 세분화되어 있다. 이처럼 인생도 하나의 기획 아래 그 계획을 소분하고, 구체적으로 기획하고, 더 간단하게 계획을 세워라.

기획했다면 마음에 들 때까지 수정 보완하라
......

나는 컴퓨터로 많은 일을 처리한다. 어떤 일을 진행하든 수정 단계도 많이 거친다. 유튜브 영상 하나를 업로드하기 위해 썸네일도 여러 번 수정하며, 제목 또한 어떤 때에는 하루에도 3번씩 수정했다. 이 책을 쓰는 동안도 몇 번을 수정하고 또 수정했다. 그런데 이렇게 열심히 수정하고 보완하면서, 정작 '생각'이라는 것은 단 한 번도 수정할 필요성에 대해 느낀 적이 없었다. 해야 한다는 것조차도 몰랐다. 그러니 인생을 수정한다는 생각은 더욱 하지 못했다. 하지만 기획뿐만 아니라, 책쓰기뿐만 아니라, 유튜브 영상뿐만 아니라 모든 것에는 수정, 보완이 존재했다.

만 32세에 대우그룹 임원이 되었고 IMF 때 대우그룹이 망하자

실직한 서정진 회장(당시 45세였던 그는 현재 셀트리온제약회사의 회장이 되었다)은 어느 강연에서 이렇게 말했다.

"도전하시는 게 중요해요. 그리고 또 도전하면 언제까지 하는 거냐? 성공할 때까지 가는 거예요. 그래서 실패란 단어는 없는 겁니다. 아직 성공하지 않은 거지."

그러니 수정하고 또 보완하라. 서정진 회장의 말처럼 언제까지 하느냐면 성공할 때까지 하라. 수정 보완하는 것이 어렵다면 좀 쉬다가 다시 하라. 커피 한잔이라도 마시면서. 나는 쉬는 타이밍에 커피를 마시는 것을 좋아한다. 그것도 달달한 믹스커피를 좋아한다. 어떤 때에는 시원하게 얼음을 넣고 아이스 믹스커피를 마시기도 한다. 쉬면서 커피 한잔을 마시다 보면 다시 생각이 떠오르고 그렇게 떠오르는 생각으로 다시 수정한다. 길을 걷다가도 떠오르는 생각이 있다면 반드시 메모하면서 수정하라.

나의 핸드폰 삼성메모장에는 메모로 가득 차 있다. 그 메모도 생각이 떠오르면 또다시 수정하고 저장한다. 그렇게 수정 보완은 결국 하나가 완성될 때까지 하고 또 하는 것뿐이다. 지금 내가 쓰고 있는 이 원고처럼 수정하고 또 보완하고 그러면서 이 한꼭지의 원고를 완성하는 것처럼.

추가 수정 보완, 최적의 타이밍을 만드는 수법
......

삶은 죽을 때까지 배워도 다 배우지 못한다는 말이 있다. 그리고 이미 출간된 책들도 '수정본'으로 다시 출간하는 경우가 많다. 보다 시피 출간 완료했다고, 완성했다고 다 된 것은 아니었다. 이번에도 유튜브에 올린 영상도 마음에 들지 않아 다시 내려서 새로 만들어야 했고 원고도 이미 다 완성된 것 같아 프린트를 했으나 마음에 들지 않아 찢어버렸다. 다 완성된 것 같으나 또 수정할 것은 언제나 있었다.

하지만 그럼에도 불구하고 수정을 해야 할 것이 있다면 나는 또 다시 수정을 한다. 그 과정에서 휴, 긴 한숨이 나오는 것은 일상 다반사다. 순간순간 새어나오는 그 긴 한숨은 이미 애써 만든 것을 흐트러 뜨린 자신의 애타는 마음을 심호흡을 통해 다듬는 유일한 길이었다. 그렇게 호흡을 가다듬으면서 수정하는 시간은 많이 걸릴 때도 있지만 그것은 그렇게라도 추가 수정을 하는 것은 최적의 타이밍을 만들기 위함이었다.

그렇다면 최적의 타이밍은 언제 오는가? 항상 준비된 자에게 온다. 마인드와 모든 지식을 갖추고 이제 내가 무엇을 하려고 준비하고 기다리는 사람에게. 그리고 그것을 위해 철저히 분석하고 조사하고 준비하고 있다가 이 순간이다 싶을 때 하는 것이 타이밍이다.

평범한 집안에서 장남으로 태어난 카카오 창업자 김범수는 너무 외로워서 1년만 휴학하고 한국서 놀자고 미국에 있던 가족들을 설득했다고 한다. 당시에 큰애는 고1, 둘째는 중3이었는데 '나도 재수했는데, 애들이 1년 정도 늦게 대학가면 뭐 어떤가' 싶어서 식구끼리 여행다니고, 당구치고, PC방에 다녔다고 한다. 더 무서운건 이때 애들한테 아무것도 못하게 하고 강제로 놀게만 했다고 한다. 식구 중에 딸이 게임을 별로 못했는데, 아들과 게임 고수인 아내의 지도로 실력이 일취월장했다고 한다.

그렇게 넷이서 게임을 하다 보면 시계는 새벽 4시를 가리키고 있었고, PC방 주인이 이상한 눈빛으로 쳐다보면 그게 정말 행복했다고 한다. 그렇게 가족과 놀기를 3년, iPhone이 출시되면서 새로운 프로젝트를 하기 위해 가족에게 양해를 구했다. 그리고 카카오톡이 탄생한다. 본인이 미국에 있을 때 마침 아이폰이 출시되는 것을 보며 PC에서 모바일 시대로 옮겨갈 것을 짐작, 한창 준비하던 프로젝트를 무산시키고 위와 같은 서비스를 출시했다. 카카오톡은 PC메신저 일색인 시장에서 '모바일 메신저'라는 새로운 지평을 열었다. 이상이 네이버를 비롯한 인터넷상에서 '김범수' 회장에 관해 나온 일화이다.

기록대로 iphone이 출시되는 것을 보며 pc에서 모바일 시대에 옮겨갈 것을 짐작한 것, 그것이 바로 최적의 타이밍이었다. 김범수는 또 이렇게 말한다. 열심히 살지 말라고. 자신이 좋아하는 것, 자신이 잘 하는 것을 찾아내서 그 하나에 진심을 다해 결과를 얻는 것이 중요하다고.

자신이 좋아하고 잘하는 것을 찾아내 자신의 인생을 기획하고 딱 이거다 싶을 때 끊임없이 수정하고 보완하라. 추가 수정도 계속하라. 그것이 어느 순간, 최적의 타이밍을 만들어줄 것이다.

자아적 책임감을 가져라

핑계는 결국 하기 싫은 거다

······

핑계 없는 무덤이 없다. 나는 내가 성공하지 못한 핑계를 아이를 혼자서 둘을 키운다는 이유에서 찾았다. 아이를 대신 키워주는 친정 부모님이나 남편이 있었다면 훨씬 수월하겠지만 그것은 결코 내가 성공을 하지 못하는 이유가 되지 않는다는 것을 나의 무의식은 알고 있었으면서도 나는 핑계를 거기서 찾아가면서, 혼자서 아이를 키우는 삶은 성공은 못해도 위대한 것이라는 핑계를 대고 있었다. 주변 사람들 역시 혼자서 아이를 그만큼 키워낸 것만으로도 대단한 일이라고 했다. 그것은 그릇된 생각이었고 어쩌면 스스로 실패라는 곳에서 빠져나가기 위한 핑계였다.

내가 아이를 키우는 것을 핑계를 댄 것처럼 사람들은 많은 핑계를 댄다. 돈이 없다는 핑계, 전문가가 아니라는 핑계, 나는 안 된다는 핑계를 말이다. 아침에 5시에 일어나기로 해놓고 늦잠을 자지 않는가? 심지어는 약속시간이 늦었어도 차가 막힐 것을 감안해 일찍 출발하지 않은 자신이 원인이 아니라 차가 막혔다는 핑계를 대고, 언제 시간이 되니 그날 점심시간에 만나자는 약속을 해놓고도 정작 약속시간에는 선약을 잊었다는, 뻔히 보이는 거짓말을 하면서 핑계를 대기도 한다. 어쩌면 우리는 핑계에 너무 익숙한 나머지 타인에 대한 배려나 존중 없이 그것을 핑계가 아니라 당연한 이유로 착각하고 사는지도 모른다.

핑계는 결국 하기 싫은 것을 억지로 할 때 생기는 현상이다. 반드시 꼭 해야 하는 일에는 핑계가 존재하지 않는다. 그냥 성공할 때까지 하는 것뿐이다. 그것이 학력 때문이든 전문분야 때문이든 상관없다. 그런 것이 중요하지 않다고 말하는 것이다.

나는 대학 입학통지서를 받고도 부모님이 아프다는 핑계로 합격을 취소시켜 대학교도 다니지 못했다. 그러나 나는 글을 쓴다. 글을 씀에 있어서 그것은 어떤 것도 핑계거리가 되지 않는다. 그냥 잘 쓸 때까지 쓰면 되는 것이니까.

유튜브를 할 때도 마찬가지였다. 자신은 유튜브채널을 개설할 줄 모른다고 하는 사람도 있고 썸네일을 만들 줄 모른다고 하는 사람도 있다. 그러나 생초보자라도 유튜브에는 개설 방법을 자세히 다룬 영상들이 많고도 많다. 썸네일 만들 줄 모른다면 포토샵부터 배워야 한다. "포토샵을 다룰 줄 몰라서 썸네일을 못 만들어요" 하는 것은 핑계일 뿐이다. 조금만 자료를 찾아보면 미리캔버스라는 사이트에서 무료로 쉽게 만들 수 있는 방법도 있으니 말이다. 자신이 하고자 하는 일에 핑계를 대지 말자. 조금의 노력만 하면 모든 것들은 쉽게 다 할 수 있는 것들이니까.

책임감이 없다면 그 어떤 일도 성공시키지 못한다
······

자신을 알자. 병도 모르면 고칠 수가 없듯이 자신을 모르면 고칠 수가 없다. 나는 자신이 한 말에 책임이 없는 사람을 제일 싫어한다. 반면에 자신이 한 말에 책임을 지는 사람을 1순위로 좋아한다. 하지만 나는 책임감 없는 그런 사람들이랑 거리를 둘 뿐 그것을 불평하거나 그것에 불만을 가지지는 않는다. 그 사람은 그 사람의 책임감 없는 방식으로 살면 되는 것이고 나는 책임감 있는 사람으로 살면 되는 것이니까. 타인의 삶까지 관여하기에는 내 인생 살기도 바쁘니까 나는 타인의 삶에는 관심이 없다.

지금은 인연을 끊은 N이라는 친구가 있었다. 10년쯤 전에 N은 나에게 이렇게 말했다. "너는 왜 돈도 안 되는 글을 쓰니?", "너는 왜 이것저것 다 하려구 하니? 한 가지만 해라." 베스트셀러 작가들은 이미 많은 돈을 벌고 있고 대기업들은 여러개의 사업체를 운영한다. 또한 사업을 하면서도 글을 쓰는 사람도 꽤나 많다. 식당도 몇 시간씩 줄 서서 먹는 식당이 있고 하루종일 파리만 날리다가 폐업하는 식당이 있듯이 글을 쓰는 사람 중에서도 돈을 버는 사람이 있고 아직은 돈을 벌기 위한 노력을 하는 중인 사람도 있을 수도 있다. 그리고 그 모든 것을 제외하고도 내가 돈이 되는 글을 쓰든 돈이 안 되는 글을 쓰든, 내가 한 가지 일만 하든 100가지 일을 하든, 그것은 내가 살아가는 방식이고 그 사람의 방식이 아닌데 굳이 그렇게까지 말하는 사람들의 속내를 최근에야 알았다. 그것은 자신이 하지 못하는 일을 다른 사람이 하는 것에 대한 질투거나 또 하나는 타인에 대한 배려 없이 생각나는 대로 아무 말이나 함부로 내뱉는 사람이기 때문이었다.

과거에 나는 많은 사람들이 타인의 인생에 간섭하는 것을 목격해 왔고 자신이 한 말에 대한 책임을 지지 않고도 대수롭게 생각하지 않는 사람들을 많이도 만나왔다. 어떤 때에는 내가 한 말에 최대한 책임을 지려고 하는 내가 이상한 외계인처럼 느껴질 때도 있었다. K라는 사람은 나에게 이렇게 물은 적 있다. "너는 힘든 상황에서도 왜 아이들은 버리지 않고 키우니? 빚을 졌으면서도 왜 파산 신청을 하지 않니?"라고 말이다. 나는 그때 이렇게 대답했다. "그 어떠한 이유를 막론하고 그것이 어떤 일이든 지간에 자신이 책임져야 할 일이라면 책임지는 것이 당연한 일이다"라고 말이다.

타인의 인생에 간섭할 시간에 자신의 한 말에 대한 책임, 자신이 한 약속을 회피할 궁리를 할 시간에, 자신이 저지른 일에 대한 책임부터 우선 지자. 피하지 말고, 숨지 말고, 그런 작은, 사소한 책임감마저 없다면 그 어떠한 일도 성공시킬 수 없으니 말이다.

자아적 책임감이 결국 인내력을 키워준다
......

인생이 마이너스(−)가 되었다면 플러스(+)로 가는 길을 찾아라. 자아적 책임감은 결국 그 책임을 지기 위해 노력하는 사람들이다. 자신이 한 일에 대한 책임을 지려면 그 방법에 대해 알아야 하기 때문이다. 그 방법을 알기 위해서는 노력을 해야 하며 노력을 하기 위해서는 인내력이 필요하기 때문이다. 인생이 마이너스가 되었다면 자신이 저지른 행동에 대한 책임을 지고 플러스로 가는 길을 찾아야 한다. 이 길에서는 반드시 인내력이 필요하며 플러스로 가는 길을 찾는 방법을 다음과 같다.

첫 번째, 할 일이 있다면 미루지 말고 바로 즉시 실행하자.
두 번째, 자신이나 타인과 한 약속에 책임감을 가져라.
세 번째, 인내력을 갖고 노력하는 습관을 들여라.

나는 아침에 5시에 일어나 30분 운동하고 30분 동안 책을 읽기로 한 약속도 차일피일 미루다가 결국은 다시 시도했고 작심삼일을 여러 번 반복해 결국은 아침 5시에 일어나는 데 성공했다. 일찍 자는 날은 그나마 자동으로 깨어나는데 늦게 자는 날은 도무지 일어나기가 벅찼고 설령 일찍 일어났다 해도 비몽사몽인 경우가 허다했지만 결국은 그렇게 다시 하기를 반복하면서도 인내력으로 결국 나와의 약속은 지켰다.

이 과정에서 나는 여러 번 실패를 했지만 다시 도전했고 그 도전에는 자아적 책임감이 곁들여져 있었다. 결국 그 자아적 책임감이 인내력을 키워줬고 그 인내력이 도전을 완성하는 계기가 되었다. 인내력은 모든 일에서 도전하는 힘을 키워준다. 그 도전이 결국 성공으로 향한 것이니 책임감을 갖고 인내력을 키워라.

계단도 한 계단씩 설계되어 있고 그 한 계단들이 모여 한 층이 된다. 그러니 인내력으로 한 계단씩 올라가라. 성공에는 항상 책임감과 인내력과 도전이 뒤를 따른다는 것을 명심하라.

자기결정권을 찾아라

모든 결정권은 자신에게 있다
......

우리에게는 무의식적으로 타인에게 인정받고 싶은 심리가 깔려 있다. 타인의 좋은 평가를 내리면 기뻐하고 나쁜 평가를 내리면 슬 퍼한다. 사람들은 타인을 의식하고 타인과 비교하는 순간 자신의 존재를 잃어버린다. 나 역시 그랬다. 칭찬해 주면 기분이 좋았고 나에 대한 험담을 하면 기분이 나빴다.

물론 자신의 험담을 하는데 좋아할 사람이 있을 리는 만무하다. 그래서 나는 타인을 의식하지 않기로 했다. 비난을 하든 어떤 생각 을 하든 더욱 타인의 말에 나의 기분이 좌우되는 것을 원하지 않았 기 때문에 더 이상 신경을 쓰지 않기로 했다. 내가 타인이 될 수 없 듯이 타인 또한 내가 될 수 없다. 타인이 나의 삶을 대신 살아주지 않고 타인이라는 존재는 내 눈앞의 시야를 가린 안개 같은 존재이기 때문이다.

자신보다 못하다고 생각하는 사람들과 어울리는 이들이 있다. 자신보다 높은 위치에 있는 사람들을 보면 위축이 되면서 비교하게 되고, 자신을 탓하게 되기 때문이다. 반면에 자신과 달리 낮은 위치에 있는 사람은 자신이 과시 대상이기 때문이다.

그리고 어떤 사람들은 지나치게 타인을 의식해 타인의 의견 없이는 아무것도 하지 못하는 사람도 있다. 무슨 일이든 묻고 또 묻고 결국은 타인이 "그거 하지 마" 하면 따라서 하지 않는 경우도 있다. 좋은 삶을 살고자 한다면 타인과 비교하지 말고 타인의 생각에 동요하지 말고 오직 지금 이 순간을 즐기는 나로 사는 연습을 해야 한다. 걷다가 넘어지든, 걷다가 다시 일어서든 그것은 온전한 나의 몫으로 남겨둬야 한다.

어떤 사람들은 식당에서 메뉴를 정할 때에도 "아무거나요" 해놓고 나와 같은 것을 시키면 "그때 나 이거 먹고 싶었는데" 하면서 애매모호한 제스처를 취하는 경우가 있다. 메뉴부터 정확하게 자신이 원하는 것을 말하는 연습을 하자. "어떤 음료를 주문하시겠어요?" 하고 물었을 때 "아무거나 여기서 잘 팔리는 걸로 주세요" 하는 사람들이 있다.

나는 그럴 때마다 "아무거나는 없어요. 정확하게 말씀해 주세요. 드시고 싶은 것이 무엇인지" 하면 웃으면서 자신이 마시고 싶은 것을 말한다. 그러면 그때 나는 한마디 더 덧붙인다. "어차피 드시는 거 자신이 원하는 거 드시면 좋잖아요" 사소한 하나라도 나의

결정권을 타인에게 넘기는 순간 나의 결정권이 사라짐을 알아야
한다.

선택지 답을 찍는 것도 자기 자신이다
······

살면서, 살아가는 과정에서 우리는 많은 선택지에 놓이게 된다.
어떤 선택을 했든지 간에 그것이 불행한 선택, 행복한 선택, 잘못된
선택 모두가 자신이 한 선택일 뿐이다. 가끔은 내가 왜 그런 선택
을 했을가까 싶은 후회도 하지만 그것은 자신의 몫일 뿐 타인의 잘
못이 아니다.

하지만 자신이 한 선택을 다른 사람의 잘못으로 돌리는 경우가
허다하다. "너 때문에 내 삶이 엉망이었어", "너 때문에 빚졌어", "너
때문에 사업이 망했어", "너가 하라고 했잖아. 안 그랬으면 안 했을
텐데"라고 말이다. 그런 말들은 애시당초 상대방에게 해당사항이
되어서는 안 되는 것이다. 이런 변명은 결국 자신의 삶을 오히려
더 불행하게 만드는 요소일 뿐이다.

자신의 잘못된 선택은 과감히 인정하자. 그리고 다른 올바른 선
택으로 만회하자. 과거 나는 '최악의 인간 말종' 인간을 만났다. 그
는 늘 나에게 이렇게 말했다. "너 때문에 내 인생이 망했어." 그때
나는 화가 나서 소리를 지르듯이 이렇게 말했다. "나 때문이 아니
라 너 자신이 한 선택이야. 그렇게 따지면 나 역시 너 때문에 망한
거야. 하지만 망함의 선택도 내가 한 선택이기에 나는 그냥 말없이

떠나는 것뿐이다"라고 말이다. 과거에는 그런 말들이 상처투성이가 되어왔지만 지금은 가혹한 인생살이에 만성이 되어버려서인지 이런 문제는 별것도 아닌 것이 되어버렸다. 인생 살다 보면 별의별 일들이 다 존재하니 말이다.

하지만 내가 마흔이 넘어서까지 인생고초를 겪으면서 알게 된 많은 것들 중에 제일 중요한 한 가지를 꼽으라면 바로 미워하든 원망하든 탓하든, 어쨌든 타인 속에 묻혀서 잃어버린 자기 자신을 찾아 사랑해 주는 일이다. 왜냐고 묻는다면 그것은 이미 상처로 인해 흠집 날 데로 나버린 자신을 치유해 주고 무너진 자존감을 일으켜 주는 일이기 때문이다. 자신의 자존감이 회복되어야 무엇이든 시작할 수 있고 그래야 살아낼 수 있는 힘이 생긴다.

훌륭한 삶의 주인공이 되는 법
······

지금껏 나는 돈의 노예로, 일의 노예로 살았다. 하루도 허투루 살아본 적이 없다. 매일 일에 얽매여 살았고 매일 그 돈을 벌려고 아등바등하면서 살았다. 하지만 지금의 나는 돈의 주인으로, 일에서 주인으로 살고자 한다. 불행하든 행복하든, 인생에서 주인공은 나 자신인데 어떻게 나의 자리를 돈에게, 일에게 양보한단 말인가? 나는 아무것도 모르고 내어줘버린 행복의 결정권을 찾으려고 한다.

내가 아는 사람 중 건물주가 몇몇 된다. 그중 몇 명의 건물주는 지금도 자영업으로 일하고 있다. 며칠 전 치킨집을 운영하는 S가 그동안 무슨 일이 있었길래 소식 한 통 없었냐며 안부전화를 걸어와, 오랜만에 S의 가게에 찾아 갔다.

거의 2년 만에 만난 S는 여전히 튀김기 앞에서 치킨을 튀기고 있었고 나에게 술을 마시라고 권유했다. "나 술 안 마셔, 술 끊은지 오래 됐어"라고 말하자 "야, 술 끊고 무슨 재미로 사니?" 예전에 쓰던 말투 그대로였다. "그러게. 그보다 더 좋은 취미가 있더라구. 애들이랑 여행다니고 볼링치러 다니고 있어"라는 나의 대답에 "너 예전과는 많이 달라졌다"고 했다.

그 사람들을 보면서 나는 생각을 이렇게 정리했다. 어제의 생각을 그대로 사는 사람은 오늘도 똑같이 변함없는 인생을 사나 생각을 달리한 사람은 분명 달라진 삶을 살게 된다는 것이다. 이것이 바로 생각의 차이고 그 생각의 차이는 S와 나 사이처럼 현실에서 확연히 드러났다. 또 어떤 사람은 나를 부러워 하기도 했다. "내가 아는 사람 중에 네가 제일 강해", "이래서 혼자서도 살 수 있는 거구나"라고 하면서 말이다.

그렇게 말하는 그들이 이해가 되지 않아서 가끔 나는 되묻는다. "나의 무엇이 부러운가요?" 그러면 그들은 아이들을 당당하게 혼자 키우면서도 모든 것을 척척 스스로 결정하는 것이 부럽다고 했다. 정말 많은 사람들은 자기결정권을 타인에게 준다. 그런 걸 보면 자기 결정권은 자산이 많고 적고를 떠나서 자신이 행복하기로 마음 먹는 순간, 스스로 그렇게 결정을 내리는 순간 얻어진다고 나는 생각한다. 잊지 말자. 자신의 삶의 주인공은 바로 나 자신이라는 점을.

내가 경험으로 체득한, 훌륭한 삶의 주인공이 되는 여섯 가지 방법을 제안하고자 한다.

첫 번째, 부정적인 생각을 긍정적으로 바꿀 용기가 있어야 한다.
두 번째, 자신의 마음을 정확하게 표현할 수 있어야 한다.
세 번째, 선택의 기회를 타인에게 떠넘기지 말아야 한다.
네 번째, 자신이 괜찮은 사람임을 믿어라.
다섯 번째, 어떤 일이든 타인에 의존하지 말고 스스로 알아보고 해결해라.
여섯 번째, 모든 선택은 자신이 한 것임을 인정하라.

실패한 것과 앞으로 실패할 것에 대해 두려워하지 마라. 그것은 살아가는 과정에서 일어난 일 중 하나의 스토리뿐이다. 살아가는 과정에서 결혼을 하고 아이를 낳고 또 이별을 하고 부모님이 돌아가시고 하는 것, 꽃이 피고 지고, 겨울이 가고 봄이 오는 것이 모두가 자연의 섭리듯이 단지 도전하는 사람들 중에 누구에게는 봄이라 일찍 성공하고 누구에게는 아직 겨울이라 조금 늦게 성공하거나 할 뿐이다. 자신이 훌륭한 삶의 주인공이 되기로 결심했다면 이미 자기 결정권은 확보한 셈이고 그렇다면 성공의 51%는 이미 당신 것이다.

한 번 더, 야망을 부려라

좋아하는 것을 매일 적어 보라
······

나는 늘 일기를 써왔다. 그리고 늘 컴퓨터와 함께 해왔다. 그리고 매일 외부에서 일을 했다. 돈을 벌기 위해서, 생계를 유지하기 위해서 원하지 않는 일이라도 해왔다. 혼자가 아니라 두 아이가 있었기 때문에 더 악착스럽게 살았다. 어쩌면 아이들이 내가 살아가는 원동력이어서 더 독하게 살았는지도 모른다.

좋아하는 일을 해서 돈을 벌려면 '생활비'라는 투자가 들어가야 하기 때문에 엄두를 내지 못했다. 투자 방법을 찾다 보면 '무일푼으로 도전하기'도 있지만, 나는 이 내용에 동의하지 않는다. 기본 생활비가 존재하는데 무일푼이라니······. 자식을 키우는 사람들은 알 것이다. 아무리 아껴 쓴다고 해도 기본 생활비가 한 달에 200만~300만 원은 필요하다는 것을 말이다. 가족이 아프거나 혹여 집안에 행사가 있다면 생활비는 더 많이 들어간다. 그러면 자리 잡는 몇 개월 시간만큼의 돈이 필요한데, 그것이 무일푼이라고 말하기엔 나하고는 좀 거리가 먼 것 같았다.

우선 나 자신에게 일단 생활비를 벌어서 더 이상 마이너스는 없게, 그래도 현금은 보유하고 살라고 나의 잠재의식에 명령했다. 그리고 외부에서 일하는 시간을 조금 줄여서 내가 하고자 하는 일에 시간을 좀 더 투자하기로 했다. 그렇다면 과연 내가 하고 싶은 것은 무엇일까? 내가 진정으로 하고 싶은 것을 찾기 위해 먼저 어릴 때의 기억부터 되살려서 좋아하는 것을 적기 시작했다. 30일 동안 적어본 결과 어떤 것들은 자주 바뀌었지만 몇가지는 계속 똑같이 적혀지고 있었다. 그 몇 가지 중 하나가 바로 책쓰기였고 그 중 다른 하나가 레시피 개발하는 일이었다.

나는 어렸을 때부터 나만의 요리를 만들어보는 것을 좋아했다. 여덟 살 때 친구들을 집에 초대해서 집에 있는 밀가루를 반죽해 꼬마 꽈배기를 튀겨 먹었다. 어린 나이에 레시피가 있어도 볼 줄 몰랐던 그때의 나는 이스트도 넣지 않고 꽈배기를 만들었다. 지금 생각해 보니 수제비 반죽을 식용유에 튀겼던 것 같다. 그래도 어린 동심에 맛있다고 먹었던 기억이 아직도 생생하다. 중학교때는 육포를 만든다고 소고기를 삶아서 말렸는데 그 과정에서 변질된 것을 친구들과 나눠 먹다가 몇 명이 설사까지 했던 기억도 있다.

인간은 자신이 좋아하는 일을 할 때 가장 빛난다. 휴일이나 저녁 타임이라도 좋다. 하루에 한 시간이라도 내서 내가 좋아하는 것들을 적어보면 좋다. 열 가지든 스무 가지든 30일만 매일 적어보라. 30일 동안 동일하게 적힌 것이 진정 내가 원하는 것이다.

진정한 나를 발견하는 방법

- 자신이 좋아하는 것이 무엇인지를 알아보라.
- 자신이 좋아하는 일을 찾으라.
- 항상 만사 귀찮다고 말하는 자신을 버리고 모든 일이 즐겁다고 표현하라.
- 내가 하고자 하는 일에서 월 기초적인 수입이 발생할 때까지 일은 계속 유지하라.
- 자신이 원하는 일에 시간을 좀 더 투자하라.

현명한 욕심은 자신을 성장시킨다
......

어떤 사람은 나에게 "욕심도 많다. 욕심 좀 작작 부려라"라고 말한다. 나는 이렇게 말하는 사람에게 가끔 반박한다. "욕심 없는 사람이 바보지, 요즘 욕심 없는 사람이 어디 있어? 죽은 시체나 아마 욕심 없을 거야. 나는 욕심 많은 사람들은 칭찬해 주고 싶어" 하고 대놓고 말한다.

욕심을 부리는 일은 비난받을 일이 아니라 좋은 일이라고 생각한다. 도전하는 사람 치고 욕심 없는 사람 없다. 처음에는 그런 말을 하는 것조차 망설였다. 혹여 상대방이 상처받지 않을까 싶어서

였지만 지금의 나는 다르다. 상대방이 말하는 그릇된 생각이 나의 뇌에 침입하지 못하게 막는 역할, 즉 나의 반박 이론이 나에게 "욕심내는 것은 당연히 잘하는 일이야"라고 말해주기 때문이다. 그리고 스스로에게 이렇게 말함으로써 나의 무의식에 저장하기 위해서다. 욕심내는 것을 두려워 하지 말고, 욕심내는 것을 비난하지 말고 칭찬하고 용기를 줘라. 결국 현명한 욕심은 자신을 성장시키는 데 도움이 되지 해(害)가 되지 않는다.

주변인 가운데 누군가 도전을 한다면 나는 무조건 칭찬해 주고 싶다. 얼마나 기분 좋은 일인가? 내가 아는 한 사람이 잘된다는 것은. 얼마 전 친구가 식당을 오픈했을 때도 마찬가지였다. "잘했어. 너라면 분명 잘할 거야"라고 말했다. 아마 어떤 사람들은 "코로나19 때문에 다들 망해나간다는데 무슨 음식점이야? 다른 거 해보지 그랬어?" 그렇게 말했을 수도 있겠지만 나는 그 결과가 어떻든 용기를 내어 도전하는 친구가 좋기만 했다. 결국 그 친구는 지금 직원 몇 명을 둔 가게로 성장했다. 나는 결과도 중요하지만 시작이 더 중요하다고 생각하는 사람 중의 한 사람이다. 왜냐하면 씨를 심어야 썩은 열매라도 맺듯이 시작없는 결과가 없기 때문이다.

생각을 바꾸고 딱 한 번만이라도 더 해봐라
‥‥‥‥

모든 사람에게는 자신만의 재능과 생각방식이 있다. 어떤 사람은 시작하는 속도가 빠르며 어떤 사람은 시작하는 속도가 느릴 수도 있고 천차만별(千差萬別)이다. 느리다고 멈춰 서지는 마라. 거북이처럼 기어서 가다 보면 운좋게 이길 수도 있으니.

친구의 얘기를 더 이어가야겠다. 이 친구는 지금 운영하고 있는 가게가 두 번째로 시작한 가게다. 처음 가게는 나와 비슷한 시점에서 나는 커피숍을, 이 친구는 음식점을 했다. 코로나19로 인해 몇 차례 몇 개월씩 가게문을 닫기도 했고 그러다가 배달 어플을 이용해 배달을 하기도 하다가 결국은 우리는 둘 다 가게를 매매하는 쪽을 선택했다.

문을 닫는 그 몇 개월 동안 우리는 함께 등산을 했다. 그렇게라도 서로를 의지하고 서로를 다독이면서 각자가 가진 힘을 공유하면서 견뎠다. 가게를 매매한 그 이후, 3개월 정도 쉬면서 생각을 정리한 뒤 이 친구는 다시 음식점을 시작했다. 첫 번째 가게에서는 홀을 위주로 했지만 이번에는 본격적인 배달과 홀을 한꺼번에 시작했다. 우리는 각자의 방식으로 다시 한번 시작하고 있었다. 나는 '생각의 시크릿'을 발견하고 글을 쓰면서 유튜브로 공유하는 방식으로, 그 친구는 계속 자신의 하던 일을 업그레이드시키는 방식으로.

각자의 방식은 다르지만 우리는 같은 생각 아래 도전을 실행하고 있었다. 우리가 각자 한 도전의 공통점은 다음과 같다.

첫 번째, 기존의 생각을 바꾸는 방식의 도전이다.
두 번째, 내가 할 수 있다는 확신이 바탕이 된 도전이다.
세 번째, '다시 한 번 더'라는 도전 자체를 강조하는 도전이다.

네 번째, 자신이 버틸 수 있는 한계의 정신력에서 벗어나 꾸준한 성장을 꾀하는 도전이다.

나는 이 네 가지 점만 반드시 기억하고 입력한다면 세상에 업그레이드하지 못할 일은 없다고 믿는다. 무슨 일이든 생각을 바꾸는 것이 가장 먼저 할 일이라는 것을. 그리고 딱 한 번이라도 더 도전해 보면 알게 된다는 것을.

딱 한 번이라도 더 도전하는 야망은 큰 꿈을 이루는 데 길을 터주고 나아가 각자의 방식으로 자신이 잠재워진 능력을 발견하게 도와줄 것이다. 그러니, 한번 더 야망을 부려라. 결코 늦지도 않았거니와, 단연코 할 수 있다.

처음에는 어려운 일이나 습관이 되면 그 모든 것은 일정한 힘을 갖게 된다. 나는 '책 읽는 것이 어렵다', '수학이 어렵다'라고 말하는 여덟 살 아들에게 강조하는 말이 있다. "하다 보면 모든 것이 익숙해지고 쉬워져." 한글도 매일 아침 울면서 배웠던 아들이 이제는 나에게 이렇게 말한다. "엄마, 수학도 하다 보니 쉽게 풀어지네. 나 오늘 30분 만에 문제집 3장 풀었어."

그렇다. 어린아이들도 자주 하다 보면 거의 비슷한 장수로 문제를 풀어내듯이 모든 일은 하다 보면 일정한 무게와 속도를 갖게 되며 어려운 일도 계속 하다 보면 결국 수월해지니 도전하는 야망을 부려라. 딱 한번 만이라도 더.

새로운 시작이 두려움이 아니라
어둠을 뚫고 나오는 별처럼 빛나리라

이제부터 별처럼 빛날, 나의 '원씽'

"별은 묵묵히 어둠을 뚫고 나오면서 자신의 힘으로 빛난다. 나는 이제부터 실패라는 어둠을 뚫고 나와 별처럼 빛나고자 한다."

언제 썼는지는 모르겠지만 노트에 보니 이런 글이 적혀져 있었다. 어둠 속에서 불빛이 나오는 장면을 찍은 사진도 함께 있었다. 글을 쓰기 시작하고 과거의 나의 생각을 해체하면서 별과 달들과 함께 걷는 시간이 많아졌다.

마음의 평온을 주는 밤 산책의 맛을 알게 된 지 얼마 되지 않았다. 밤하늘이 이렇게 아름다운 것이었구나. 그동안 돈만 번다고 이 아름다운 것도 못 보고 살았던 거였구나. 어떤 날은 별도 달도 나오지 않았다. 그런 날은 나오지 않은 별과 달에 서운했다가 어느 날은 그리웠다가, 그러다 만나면 달이 나왔네. 반가운 마음으로 내 비쳤다. 그렇게 별과 대화하면서 기존의 나의 생각을 완전히 다른 생각으로 성장시킨 시간이 벌써 3년이나 흘렀다.

그 시간, 나는 책과 운동 그리고 원씽에 몰입하는 힘과 더불어 생각 가변(可變)의 법칙을 세웠다.

스물셋의 무렵, 나는 웹마케팅 회사를 설립하기 위해 컴퓨터 디자인 공부에 몰입했다. 하지만 그때는 폐암이었던 엄마의 병간호 때문에 몇 년 동안 준비했던 모든 것을 포기해야 했다. 그리고 그 이후에는 결혼하고 아이들을 키우면서 나의 꿈 전부를 미루고 오직 생계에만 집중해야 했고 생계에서 벗어나 다시 무엇인가를 이루려고 시작하면 실패가 다가왔다.

하지만 지금 이 순간, 나는 모든 것을 감사하게 받아드리기로 했다. 오직 독기 하나로 버텼던 지난 시간이라는 씨앗들이 드디어 싹이 트기 시작하고 지금은 무럭무럭 자라는 성장기로 다가왔으니 말이다.

어쩌면 씨앗이 자랄 때에는 그 땅을 뚫고 나오느라 무궁무진한 힘이 필요한가 보다. 가끔 베란다에 작은 텃밭을 만들어 토마토나 상추를 심어보면 그 씨앗이 나오기까지 3~4일 정도 걸렸고 어떤 것들은 버티다가 쓰러지기도 했다. 그러나 그 중 에서도 오직 강한 힘을 지닌 것들은 무럭무럭 자라기 시작했다.

어쩌면 나 역시 살면서 나도 모르게 여러 개의 씨앗을 한꺼번에 심었는지도 모른다. 하지만 그 여러 개의 힘 중에서도, 그 중 가장 강력한 힘을 지닌 그 하나부터 해결하기로 했다. 이것이 바로《원 씽 THE ONE THING》(게리 켈러·제이 파파산, 구세희 역, 비즈니스북스, 2013)에서 말하는 단순함의 힘이다.

이 책을 씀에 있어서도 나는 순서를 정했다. 하고 싶은 그 많은 일 중에서 가장 우선적으로 필요한 단 한 가지, 책 쓰는 것을 완성하는 것 그리고 그다음의 일을 진행하는 것이었다.

내가 해야 할 일에 대해 아버지가 남긴 유언

내 서재 책꽂이에는 로버트 기요사키의 《부자 아빠 가난한 아빠》가 제일 앞에 꽂혀 있다. 그 제목을 볼 때마다 나는 나의 아버지를 생각했다. 나의 아버지는 가난했고 나는 부자란 대물림이 되어 금수저가 태어나는 것처럼 가난도 역시 대물림되어 흙수저가 당연한 인생이라고 생각했다. 나의 주변 사람들을 비롯한 많은 사람들이 평범한 일상을 살고 있었기에 지금처럼 사는 것을 당연하게 받아들였다. 하지만 지금의 나의 생각을 달라졌다. 나의 아버지는 왜 부자가 될 생각을 하지 못했을까? 그리고 나는 왜 그것을 당연한 것으로 받아들였을까 하는 의문투성이다.

나와 아버지 사이는 그렇게 돈독하지 않았다. 살면서도 나와 아버지 사이에는 별로 중요한 대화가 오고 가지 않았다. 몇 마디 주고받지 않은 말 중에서도 이미 고인이 되어서 마지막 말 즉 유언으로 되어버린 말 한마디다. 그것은 언젠가 아버지께서 하신 말씀 "글 쓰는 걸 좋아하면서 작가의 길로 쭉 가지 그랬냐?"라는 말이다. 나의 심금을 울린 것은 상대방의 마음을 알아봐주는 것, 충고도 아닌, 지적도 아닌, 진정어린 목소리었다. 그때 내가 깨달은 한 가지는 한 사람의 말에 진심이 담겨져 있을 때 가장 심금을 울린다는 것이었다.

아버지는 늘 그것을 아쉬워 하셨다. 맏딸인 내가 아이들과 함께 먹고 사는 것에만 집착하고 매달려, 정작 내가 가야 할 길을 놓아버린 그것에 대해 말이다. 그렇게 딸이 좋아하는 것을 말없이 지켜본 아버지는 어쩌면 자신이 좋아하는 것을 놓아버린 아쉬움도 있었을 거라는 생각이 문득 들었다. 아버지는 그림을 잘 그리셨고 글도 잘 쓰셨다. 그것은 아버지가 돌아가시면서 남긴 유품, 노트를 보면서 나는 더 확실하게 알게 되었다. 하지만 그렇게 좋아하는 일은 정작 생계를 위한 일을 우선적으로 하느라 모든 것을 차후로 미뤘다. 하지만 아버지의 차후의 목표는 실행할 수가 없었다. 그 차후를 이루기 전에 이미 돌아가셨으니 말이다. 우리는 살면서 많은 부분들을 잊고 살거나 늦거나이다. 그리고 이렇게 생각을 한다. '그런 것도 있었지', '그때 그렇게 할걸'

차후란 없다. 그러니 지금 당장 '생각 가변(可變) 공사'를 진행하라

그런 일이 일어나는 이유는 딱 한 가지다. 자신이 필요로 하는 생각을 뇌에 저장하지 않은 것이다. 나의 목표를 정확하게 입력하고 그것을 위해 자신을 업그레이드시키는 것에 집중을 했더라면 확연히 달라진 삶을 살았을 거라고 나는 확신한다.

그래서 나는 지금까지도 '생각 가변 공사'를 진행하고 있다. 내가 원하는 것을 정확하게 뇌에 각인시키기 위함이다. 무의식이라는 뇌에 각인된 목표는 의식이라는 행동으로 나타난다. 그리고 그 나타난 행동은 차후가 아닌 지금이라는 시작점이다.

차후(此後)란 '지금부터 이후'라는 뜻으로 지금 하는 일이 우선이고 그다음으로 할 일이라는 것이다. 하지만 자신의 좋아하는 일을 차후로 미루는 것은 이미 늦거나, 실행할 일에서 제외하는 것과 다름없다. 그래서 나는 돈을 버는 일을 하면서도 내가 좋아하는 것도 1순위 위치에 올려놓았다. 윤동주의 시 〈내일은 없다〉처럼 지금 당장 시작하는 것이다.

천천히 가도 괜찮다. 조금 늦어도 괜찮다. 실패해도 괜찮다. 하지만 단 한 가지 미루는 것만큼은 하지 말자. 어제까지는 충분히 애써왔고 지금인 오늘은 어제보다 더 나아지는 그리고 더 잘하는, 더 좋아지는 길로 가는 중인 것뿐이니 인간관계를 비롯한 모든 일에서만큼은 당당해지자.

어제의 실패 동반자로서 그리고 이제는 어둠을 뚫고 나오는 별처럼 가장 아름답게 빛날 동반자로서 함께 용기를 내서 일어서자! 나는 나의 이 어둠이 그리고 이 밤에 실패에서도 굴하지 않고 핀 나의 별빛같은 생각이 누군가에게는 정확하게 설정한 목표 달성의 빛이 되기를 바란다.

'생각에 얽힌 비밀'을 무거운 마음으로 마무리하며……

차이 나는 인생을 만드는 생각

생각에 무엇을 심을 것인가

• 농부가 콩을 심은 곳에 콩이 나듯 생각의 밭에 실패를 심으면 실패가 난다. 생각해 보자. 실패를 심었는데 성공이란 열매가 맺어질 리는 없고 나쁜 생각을 심었는데 좋은 생각이 자랄 리 없다. 마찬가지로 허구한 날 돈이 없다고 말하는데 돈이 생겨날 리는 없지 않은가?

• 실패를 했다면 과거의 살아왔던 고집(固執)된 방식을 바꾸면 된다. 나는 이 공식을 '회전공식(回傳公式)'이라 부른다.

• "돈이 없다", "주식하면 망한다", "사는 게 힘들다" 등 오래전부터 살면서 들어온 대대로 대물림되어 내려온 말과 나와 함께해 온 사람들로부터 전해 들은 말들이 있었다. 내가 지금껏 살아온 동안 나와 함께해 온 생각 루틴이 결국 나의 실패의 주범이었다. 그러니 그런 말과는 다른 180도 회전해 정반대의 방향으로 가라.

우리가 말하는 그 운은 어떻게 얻어지는 것인가

• 자연에는 운(運)이 있지만 그 운을 반쪽으로 갈라 불행을 만든 것도, 행운을 만든 것도 결국은 스스로 만들어낸 습관이었다. 지금 불행하다면 행운으로 만드는 습관을 들여라. 운은 늘 좋다고 말하는 사람에게로 이동하는 성질을 갖고 있다.

• 첫 번째는 오직 한 가지 문제만 고르고, 두 번째는 집중하기, 세 번째는 몰입하고 네 번째는 천천히 생각하기이다.

목표 공식에 대한 결론

• 목표의 공식은 데드라인에 의한 행동(Action)이며 그 행동은 바로 즉시 실행이 가능할 때 이루어진다. 그러니 미루지 말고 즉시 행동으로 실행하며 그 뒤에는 의지력(Willpower)으로 이어가라.

더 나은 삶으로 변화하려면 어떻게 해야 하는가

• 어제의 생각을 그대로 사는 사람은 오늘도 똑같이 변함없는 인생을 사나, 생각을 달리한 사람은 분명 달라진 삶을 살게 된다. 그러니 변화하고 싶다면 생각을 달리하라.

• 생각을 초이스(Choice)하라. 생각의 선택을 바꾸는 순간 삶은 변화하기 시작한다. 어떤 생각을 선택할지는 본인에게 달려 있다. 그것은 곧 자신의 운명을 지배하는 '생각 초이스론'이다.

• 당신은 생각을 바꾸기로 결심했는가? 생각에 회전공식을 적용시키기로 했다면 당신은 이미 성공의 문고리를 잡아당기기 시작한 것이다. 살아가는 과정에서 우리는 많은 선택지에 놓이게 된다. 불행한 선택, 행복한 선택, 잘못된 선택 등 어떤 선택을 했든지 간에 그것은 모두 자신이 한 선택일 뿐이다.

부의 길을 위해 무엇을 추적할 것인가

- 인생이 마이너스(-)가 되었다면 플러스(+)가 되는 길로 가라.

- 빚이란 말 대신에 돈을 많이 번다는 말을 써라. 돈을 많이 번다는 생각은 희망이 조금이라도 묻어 나왔지만 빚을 갚는다는 생각은 자꾸만 빚진 삶에서 벗어나지 못하는 허탈감에 빠져 돈을 버는 것조차도 의미 없이 느껴진다. 나는 '부'를 상상 하기로 했다. 그것은 자꾸만 빚이란 단어에, 부채라는 단어에 빠져드는 나를 구할 수 있는 '부채구세론 법칙'이었다.

- 부자가 되고 싶은데 부자의 뒤꽁무니를 따르라고? "부자가 되고 싶다면 부자를 직접 만나서 어떻게, 어떤 방식으로 부자가 되었는가를 묻던가 아니면 부자들이 쓴 책을 읽어라"라고 말했더라면 어쩌면 나는 그 말을 쉽게 이해했을 것이다.

- 이 모든 것을 반드시 나의 삶에 적용시켜야 한다. 책만 읽고 삶에 적용하지 않는 다면 색다른 일은 발생하지 않는다. 농부들이 새로운 과일을 탄생시키기 위해서 기존의 열매에 다른 것을 접목시키는 것과 같은 '접목 효과'다. 다른 사람의 좋은 생각을 나의 좋은 생각으로 합체하지 않으면 결코 좋은 결과는 발생하지 않는다.

나 자신을 위한 엔지니어 즉 '테크니션(Technician)'이 되어라

• 좋은 인간관계를 만들기 위한 첫 번째 조건은 귀인과 악인을 구별하는 일이다. 귀인(貴人)은 행운(幸運)을 열어주지만 악인(惡人)은 불운(不運)으로 한 사람의 인생을 가로막는다. 귀인과 악인 두 사람을 만나다 보면 내면에서 물리적 힘이 일어나 사람을 분별하는 분별력이 생긴다.

• 내가 지금에 와서 인간관계에 연연하지 않는 이유는 딱 두 가지다. 가장 첫 번째 이유는 타인들에게 기꺼이 내어준 시간이 결국은 상처로만 남아 아파했던 나를 가장 먼저 사랑하기 위해서다. 두 번째는 타인에게 최선을 다해 기꺼이 내어준 나의 소중한 시간을 나 자신이 성장하기 위한 일에 쓰기 위해서다.

• 누군가를 미워한다는 것은 결국 너 마음에서 일어나는 일이다. 즉 너 자신을 미워하지 말라는 신호다.

북큐레이션 • 자신의 가치를 높이고 가슴 뛰는 삶을 살고 싶은 이들을 위한 책

《차이 나는 인생을 만드는 생각의 규칙》과 함께 읽으면 좋은 책, 진정한 행복을 만나고 싶은 당신을 언제나 응원합니다.

흔들리는 마음을 단련하는 방법

나를 살리는 마음 훈련법

김영애 지음 | 16,800원

**땅속 깊이 뿌리 내린 나무처럼
흔들리지 않는 내면으로 살아가기**

이 책이 전해주는 내면 단련과 이를 위한 다양한 사례 소개, 루틴을 통한 마음 훈련의 중요성은 새삼 두말할 나위가 없다. 이 책의 저자는 '과거의 나랑 화해한다는 건 지금의 나를 놓치지 않는 삶이다'라고 말한다. 우리 모두 세상사를 헤쳐 나오며 알게 모르게 마음 어딘가에 훈장처럼, 혹은 흉터처럼, 화해해야 할 응어리 하나쯤을 나무의 옹이처럼 안고 살아가는 사람들일지도 모른다. 그리고 이 책은 이런 우리의 여리고 고달픈 마음을 직시하고, 들여다보며, 잘 풀어내고 훈련해 더 나은 행복한 삶으로 나아가는 길을 보여주고 있다.

나 자신을 잘 돌보는 방법 알아가기

관계가 전부다

박현숙 지음 | 17,000원

**제대로 관계 맺는 법을 알아야
지치지 않는 인간관계를 갖는다**

이 책은 사람들과의 관계로 인해 상처받고 고민하는 이들에게 그 자리에서 회복하고 다시금 행복한 관계를 맺는 길로 안내한다. 관계를 살리는 태도와 망치는 태도를 비교하고, 현명하게 관계 맺는 기술을 알려준다. 또한 관계를 정확하게 정리하는 방법도 알려주어, 정서적 경계선을 지키도록 한다. 특별히 '정서 통장'에 대해 설명하며, 이 통장에 신뢰감을 채워 관계가 돈독해지는 방법을 설명한다. 이 책을 통해 자신을 사랑하는 방법을 발견해, 남들에게 그저 착한 사람, 좋은 사람으로 보이기 위함이 아닌, 내면이 건강하고 당당한 자신이 되길 응원한다.

돈 없고 백 없으니 겁날 것도 없다

전윤경 지음 | 17,000원

희망 없이 꿈 없이 죽은 듯이
살아가는 이들을 위한 생존법

이 세상을 살고 있는 많은 사람들은 저마다의 인생을 펼쳐가고 있다. 이왕 세상에 태어난 거 재미있고 행복하게 살면 정말 좋겠지만, 살다 보면 누구나 확실하게 느끼는 것이 있다. '인생 내 맘대로 되지 않구나.' 세상에는 참 불합리한 상황도 많고, 내 힘으로 바꿀 수 없는 상황도 있다. 그럴 때 이 책이 당신에게 위로와 용기를 줄 수 있다. 가난을 인생의 유일한 스펙으로, 겁 없이 마음이 끌리는 대로 뜨겁게 삶을 살아온 저자의 인생 스토리는, 희망 없이 꿈 없이 죽은 듯이 살아가는 청춘과 장년들에게 힘든 인생에서 어떻게 생존할지에 대해 알려준다.

삶의 두려움을
극복하는 방법

마음 읽기 수업

김미애 지음 | 14,800원

원하는 결과를 얻지 못하는 커뮤니케이션은 이제 그만!
마음을 읽어내는 것이 자본이 되는 시대다!

저자는 누군가 리더십, 조직문화, 커뮤니케이션을 주제로 강의하는 프로 전문 강사다. 일상생활에서 누구나 겪을 수 있는 대표적인 사례를 통해 다양한 관계 속에서 발생하는 문제들을 어떻게 해결할지, 나의 마음과 상대의 마음을 어떻게 읽고 관계를 형성하고 유지해나갈지 등 서로의 마음을 읽어가는 것이 인생에 미치는 영향에 관해 이야기한다. 이 책은 읽는 것만으로도 미처 발견하지 못했던 나의 마음과 상대의 마음에 좀 더 가까이 다가갈 수 있도록 해주며, 관계 스킬 능력과 진정한 내 모습을 찾는 방법까지 제시한다.

삶이
업그레이드되는
마음 신호 읽기